ESSAI

SUR LES MATIÈRES

DE

SIMPLE POLICE.

ESSAI

SUR LES MATIÈRES

DE SIMPLE POLICE;

Par A.-C.-L.-M. BIRET, Juge de Paix, à la Rochelle.

DÉDIÉ

A M. le Chevalier BÉRA,

Procureur - général - impérial près la Cour d'Appel de Poitiers, membre de la Légion d'Honneur.

====

A LA ROCHELLE,

CHEZ MARESCHAL, IMPRIMEUR DE LA PRÉFECTURE,

PLACE NAPOLÉON, N.º 13.

1811,

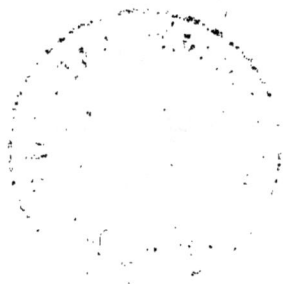

PRÉFACE.

LE desir d'être utile au Public, m'a fait entreprendre cet Ouvrage. Il peut contenir des erreurs, mais son but sera toujours louable.

Je ne crains point qu'il soit critiqué, parce que je profiterai des critiques, si elles sont judicieuses.

Je ne dois ni ne veux faire l'éloge de ce petit Traité : l'expérience le jugera.

J'ai fait en sorte d'en rendre le style propre au sujet, tel qu'il convient à un Ouvrage élémentaire de Jurisprudence, fait pour être à la connaissance de tous.

Je crois pouvoir dire, cependant, que son ensemble, ses détails et ses formules, sont dans le cas de rendre l'exécution de la Loi aussi simple que facile, c'est pourquoi j'ai joint la théorie à la pratique.

Je donne le plan et les détails de mon Ouvrage, dans l'Introduction ci-après. Je me borne à dire ici au Public, que je n'ai point trop présumé de mes propres forces : j'ai invoqué, de plusieurs Magistrats éclairés, une sévère critique dont ils m'ont honoré.

Je devais cet aveu à la reconnaissance, et à un juste égard pour le Public.

ÉPITRE DÉDICATOIRE,

A M. le Chevalier BÉRA , procureur-général-impérial près la Cour d'appel de Poitiers , membre de la Légion d'Honneur.

MONSIEUR le Procureur-général-impérial ,

LA Législation de Police , jadis singulière et variable , a reçu , par les nouveaux Codes criminels, la perfection dont elle était susceptible.

Ce n'est plus , comme disait MONTESQUIEU , le Juge plutôt que la Loi , qui prononce dans les matières de Police. C'est maintenant la Loi seule qui caractérise les Délits , et détermine les Peines.

Il manquait un Commentaire au Code de simple Police : j'ai osé l'entreprendre.

J'ai joint, dans cet Essai , la théorie à la pratique. Des comparaisons exactes , des discussions mesurées , des observations fournies par l'expérience , ont développé l'esprit de la Loi. Par des formules appliquées à chaque espèce , j'ai tracé la Procédure , qui , pour être simple en matière de Police , n'est pas toujours facile.

Daignez , monsieur le Procureur - général , agréer la Dédicace de ce faible Ouvrage. S'il a le bonheur de paraître sous les auspices d'un Magistrat aussi célèbre que vous , Monsieur , il sera infailliblement bien accueilli du Public.

J'ai l'honneur de vous adresser mon Manuscrit. Je vous supplie de l'honorer d'une judicieuse critique , que vos rares talens me feront recevoir avec une respectueuse reconnaissance.

Daignez agréer aussi, Monsieur, l'hommage du profond respect avec lequel je suis

Votre très-humble et très-obéissant serviteur ,

BIRET.

La Rochelle , le 10 Décembre 1810.

RÉPONSE.

Poitiers, le 22 Décembre 1810.

LE PROCUREUR-GÉNÉRAL-IMPÉRIAL près la Cour d'appel séant à Poitiers, membre de la Légion d'Honneur,

A M. BIRET, juge de paix, à la Rochelle.

JE suis extrêmement sensible, Monsieur, à tout ce que vous me dites d'obligeant dans votre Lettre du 10 de ce mois : elle est beaucoup trop flatteuse pour moi. Je suis loin de mériter les éloges qu'elle contient.

J'ai lu, avec le plus vif intérêt, votre Ouvrage sur la simple Police : il m'a paru très-purement écrit ; je crois les décisions sages. Les différens modèles d'Actes, de Procès-verbaux et de Jugemens que vous y avez insérés, doivent présenter de grandes ressources aux Juges de paix, aux Huissiers et aux Gardes-champêtres. Les Maires des campagnes y trouveront aussi des leçons utiles. En un mot, cet Ouvrage élémentaire, contenant tout-à-la-fois les préceptes et les modèles, ne peut être trop répandu. Je vous engage à le donner promptement au Public.

J'accepte, avec reconnaissance, la Dédicace que vous m'offrez : elle ne peut que m'honorer. Il est toujours flatteur de mériter la confiance et l'estime d'un Fonctionnaire public qui a su, comme vous, réunir tous les suffrages de ses concitoyens.

Daignez agréer, Monsieur, l'hommage de ma considération la plus distinguée, et de mon plus sincère dévouement.

Signé BÉRA.

ESSAI

SUR LES MATIÈRES

DE SIMPLE POLICE.

INTRODUCTION.

LES matières de simple Police sont plus importantes qu'elles ne semblent l'être en général. Si ses
détails sont minutieux, si ses peines sont légères,
son action et ses effets se rattachent entièrement
au maintien habituel de la sûreté et de la tranquillité publiques. Si on pense que la répression
de ces contraventions nombreuses et sans cesse
renaissantes, prévient souvent des délits et même
des crimes ; si on se persuade que les peines de
simple Police, par leur douceur, sont un véritable
avertissement pour le coupable ; si on est pénétré
de la vérité de ces réflexions, on acquerra l'idée
juste et la conviction nécessaire, que la Législation de Police est un bienfait permanent pour
la société, et la première garantie de son repos
et de sa force.

Police vient du mot grec *Poλrs*, qui signifie
Cité, d'où est dérivé *Politia*, qui exprime *réglement, bon ordre d'une Cité*.

Toutes les nations civilisées ont eu des magistrats de police. En France, avant la révolution,
il en existait un grand nombre, diversement établis. Le peu d'accord qui régnait alors dans nos
lois, dans nos usages, se trouvait aussi dans les

matières de Police. La connaissance en était
disséminée entre des Officiers du Roi, des Juges
de Seigneurs et des Magistrats de communes ,
ce qui opérait de la confusion , et souvent de
longs débats sur la compétence.

Il en était de même de la Législation de Police : elle était éparse dans des lois particulières
et des réglemens locaux , dont les uns défen-
daient ici, ce que les autres permettaient ailleurs.
Des corps, des particuliers, avaient des priviléges
que d'autres n'avaient pas. On a vu, dans une
même ville, la Police différer dans tels quartiers,
par d'anciens usages qui se ressentaient de l'arbitraire. Cet ordre singulier avait frappé depuis
long-temps les Publicistes. Un des plus célèbres
avait même dit, qu'en matière de Police, c'était
plutôt le Juge qui punissait, que la Loi (*).

L'assemblée constituante commença à faire
disparaître cette confusion , en établissant une
Police municipale , par la loi de juillet 1791.
Cette loi effaça les usages bizarres et les réglemens contradictoires : elle fixa , dans une série
uniforme et égale pour tous, les délits de Police.

La loi du 6 octobre, même année , ajouta à
cette première amélioration : elle présenta , dans
le deuxième titre, un Code rural, que le respect
des propriétés et les plaintes générales appelaient
depuis long-temps.

Enfin parut la loi de brumaire an 4, qui , en
établissant un ordre simple et facile dans les
matières de Police, prépara dès-lors l'ensemble
et l'harmonie que le Code pénal vient d'achever.

Ce Code de sagesse , par l'ordre fixe qu'il a
imprimé aux matières de Police , par la démarcation claire qu'il en fait , par les graduations ,
les détails attentifs et la prudente surveillance

_____

(*) Montesquieu.

qu'il dispose, prouve bien mieux que des raison-
nemens, combien la Législation de simple Police
tient de près à l'ordre social.

Pénétré de son importance, j'ai pensé que je
serais utile au Public, et particulièrement aux
Officiers de police, en leur présentant un Essai
sur la forme et sur le fond des matières de Police;
un Essai qui réunît toutes les dispositions pénales, avec toutes celles d'instruction ; un Essai
enfin qui traçât les différentes formules de la
Procédure.

Je n'ai point entendu tracer de règles à personne : la Loi les a établies. Je me borne à offrir
des rapprochemens utiles, des développemens
basés sur l'esprit de la Loi, des distinctions nécessaires, des discussions mesurées, et des formes qui, pour être simples, ne sont pas toujours
faciles.

Je sais que MM. les Juges de paix sont, en
général, instruits, et c'est par là même que j'ai
l'espoir de leur être utile. Quand cet Essai ne
ferait que leur éviter des recherches et du travail, il pourra mériter leur accueil.

MM. les Maires et Adjoints des communes
rurales, appelés maintenant à des fonctions judiciaires, pourront recourir plus souvent à mes
réflexions et à mes formules. La plupart d'entre
eux ont été étrangers à l'ordre judiciaire, qui
demande un genre particulier d'étude et d'expérience. J'éprouverai une agréable satisfaction,
si mon travail peut faciliter à MM. les Maires et
Adjoints, la nouvelle carrière qu'ils vont parcourir.

J'ai étendu cet Essai aux fonctions des Gardes-
champêtres. Tous sont principalement établis
pour faire respecter les propriétés ; tous doivent
donc employer la même vigilance et les mêmes
formes, pour arriver au but commun qui leur

est proposé. Ainsi, en leur présentant une méthode uniforme pour toutes leurs opérations, c'est agir dans l'esprit de leur institution.

CHAPITRE PREMIER.

1.re *Classe de Contraventions.*

Les faits dont la connaissance est attribuée aux Juges de police, sont qualifiés *Contraventions.* Ils ne sont ni délits, ni crimes. Ces faits sont classés et gradués diversement. Ils emportent aussi des peines graduées ; mais ces peines sont heureusement fixées par des sommes déterminées, ce qui fait disparaître la variation de la valeur des amendes sur un même fait ; variation qu'établissait autrefois la différence du prix des journées de travail ; variation qui, encore, plaçait le même fait dans la compétence correctionnelle, en certains lieux ; et dans d'autres, dans la compétence de simple Police.

La première classe des Contraventions, établie par le nouveau Code, comprend toutes celles que la loi punit d'une amende depuis un franc jusqu'à cinq francs inclusivement. Dans cette première classe, ainsi que dans les autres, sont des attributions nouvelles aux Tribunaux de police : c'est ce que je ferai connaître en analysant chaque fait.

Ire CONTRAVENTION.

« La négligence à entretenir, réparer ou nettoyer les » fours, cheminées ou usines où l'on fait du feu ».

L'article 9 du titre II de la loi de septembre 1791, chargeait les Officiers municipaux de visiter au moins une fois par an, les fours et cheminées

de certaines maisons isolées : ils pouvaient même
en ordonner la démolition. L'amende, en ce cas,
était de 6 ₶ au moins, et de 24 ₶ au plus.

Le Code de brumaire an 4, ayant restreint les
peines de simple Police au *maximum* de trois
journées de travail, il s'ensuivait que cette contravention n'était plus de la compétence des Juges
de police ; parce que jamais trois journées de travail n'ont été fixées à 24 ₶, *maximum* de l'a-
mende prononcée en ce cas. Ainsi, le nouveau
Code a rendu à la Justice de police cette première
contravention.

Quel est le mode de la constater ? Je n'en vois
d'autres que les visites domiciliaires ; car comment autrement prouver la négligence d'entretenir, de réparer ou nettoyer les fours, cheminées, ateliers, etc. ? On n'attendra pas sans
doute que l'incendie soit le résultat de la négligence, puisque le Code, en ce même cas
d'incendie pour défaut d'entretien des fours et
cheminées, prononce une amende dont le *maximum* est de 500 francs (*) : alors la contravention
pour simple négligence deviendrait illusoire.

On dira peut-être que ces visites seront une
violation du domicile des citoyens, dès que la loi
ne les a pas nommément prescrites. Je réponds
d'abord que la loi, ayant voulu la chose, en veut
nécessairement les moyens. Si, sans des visites
domiciliaires, il devient impossible de constater
la négligence de nettoyer ou réparer les fours,
cheminées, etc., il faut ou renoncer à l'exécution de la loi, ou faire des visites.

Ce n'est point une violation de domicile, que
la visite du magistrat qui a reçu de la loi le pouvoir de faire arrêter un citoyen jusques dans ses
foyers ; ce n'est point une violation de domicile,

(*) Article 148 du Code pénal.

que le brisement des portes , fait par les fonctionnaires désignés par la loi ; ce n'est point une
violation de domicile , que les visites habituelles
des agens de police, dans les lieux et établisse-
mens publics. Et pourquoi tout cela se fait-il ?
pour l'exécution des lois, des arrêts et jugemens.
Pourquoi n'en ferait-on pas ainsi pour l'exécution d'une mesure que la loi a prescrite pour la
sûreté publique.

Je pense cependant qu'on peut se borner , sans
inconvénient , à faire des visites dans les manu-
factures, ateliers, fours et lieux publics, une
ou deux fois l'année, comme le prescrivait la
loi de septembre 1791 (*). Ces visites doivent
toujours être faites par les maires, à leur défaut
par les adjoints, et par les commissaires de police.

Quant aux cheminées des maisons particulières , les visites peuvent dépendre de la prudence
des fonctionnaires , des circonstances , et des
personnes.

II.me CONTRAVENTION.

« Défenses de tirer des pièces d'artifices en certains
» lieux ».

Un réglement administratif suffit pour l'exécution de cet article. Ce réglement détermine les
lieux où il ne peut être tiré de pièces d'artifices ;
et celui qui désobéit à ce réglement , est en
contravention.

III.me CONTRAVENTION.

« Les aubergistes et autres, qui, obligés à l'éclairage,
» l'auront négligé. Ceux qui aussi auront négligé de nettoyer
» les rues ou passages , dans les communes où ce soin est
» à la charge des habitans ».

Ces dispositions ne sont point nouvelles. La
loi de juillet 1791 les avait prescrites ; le pre-

(*) Article 9 du titre II de la loi de septembre 1791.

mier paragraphe de l'article 605 du Code de brumaire les avait confirmées.

Ainsi, l'exécution en sera la même que par le passé. Les commissaires et agens de police sont en possession de constater ces contraventions : ils doivent continuer. Dans les communes où il n'y a pas de commissaires de police, les maires, ou à leur défaut leurs adjoints, doivent les constater.

Il serait utile que les maires des campagnes, par une surveillance douce et persuasive, fissent cesser graduellement l'usage où sont un grand nombre de cultivateurs, de déposer dans les rues et dans les chemins vicinaux, des pailles et autres objets de nature à faire des fumiers. Cet usage est nuisible à la salubrité publique, par les exhalaisons fétides que répandent ces fumiers. Il est encore nuisible aux rues et chemins que le cultivateur détériore, en enlevant une forte quantité du sol avec les engrais. Ces détériorations forment ensuite des cloaques dangereux pour les piétons. Il est juste que l'intérêt particulier du cultivateur cède devant l'intérêt général.

IV.me, V.me et VI.me CONTRAVENTIONS.

« L'encombrement de la voie publique, en y déposant ou
» y laissant, sans nécessité, des matériaux ou des choses
» quelconques, qui empêchent ou diminuent la liberté ou
» la sûreté du passage.

» La négligence d'éclairer les matériaux entreposés sur la
» voie publique. Le refus ou la négligence d'exécuter les
» réglemens de petite voirie, ou d'obéir à la sommation de
» réparer ou démolir les édifices menaçant ruine.

» Le jet ou l'exposition devant les édifices, de choses de
» nature à nuire par leur chûte, ou par des exhalaisons in-
» salubres ».

Toutes ces dispositions appartenaient à l'ancienne Législation de Police. J'observe seulement que le Code pénal s'explique sur la quatrième contravention avec plus de clarté et de précision que les lois anciennes. Il établit le cas de nécessité, qui n'était pas prévu. Cette lacune a pu rendre parfois l'application de la loi trop rigoureuse , et alarmer la conscience du Juge. Plus libre aujourd'hui , il pourra accorder sa délicatesse avec l'entière exécution de la loi : il sera juge du cas de nécessité.

Ainsi, celui qui fait réparer ou édifier, près la voie publique, est dans la nécessité d'y déposer ses matériaux. Il doit le faire cependant avec soin et prudence : il ne peut pas encombrer la totalité de la voie publique ; il en doit laisser libre un espace suffisant pour le passage public ; et il doit , pendant la nuit, éclairer ses dépôts. En agissant ainsi, il ne commet point une contravention.

VII.me CONTRAVENTION.

« Elle punit ceux qui auront laissé dans les rues, chemins, places, lieux publics, ou dans les champs, des contres de charrues, pinces, barres, barreaux ou autres machines, ou instrumens ou armes dont puissent abuser les malfaiteurs et les voleurs ».

On voit ici la prudence attentive du Législateur : il a voulu écarter de la main du méchant tout ce qui peut faciliter son mauvais dessein.

L'intérêt du particulier lui recommande sans doute de renfermer les objets ou les instrumens de son industrie ; mais la négligence lui fait souvent oublier son intérêt , et cette négligence compromet l'intérêt public.

Que les Officiers chargés de constater les contraventions , ne regardent point celle - ci comme indifférente ou légère ; qu'ils se pénètrent bien, au contraire, que le voleur ne commettra pas le vol, s'il manque de moyens pour l'exécuter. Si l'insouciance ou la malice facilite le malfaiteur , que l'insouciant soit puni : point d'indulgence d'indulgence pour le méchant, ni pour celui qui le favorise.

Le baron Nougarède, rapporteur de la Commission de législation civile et criminelle, du Corps législatif, disait à ce sujet : « il est utile » que les peines de simple police soient fréquem- » ment appliquées, même par humanité, puis- » qu'elles servent à prévenir la nécessité des » peines afflictives et capitales ».

Je partage cette réflexion judicieuse ; et j'ajoute que c'est plutôt aux peines de simple police, qu'à celles plus graves, qu'il faut appliquer cette maxime : *non est indulgendum malitiis hominum.*

VIII.me CONTRAVENTION.

« La négligence d'écheniller, dans les campagnes ou » jardins où ce soin est prescrit par la loi et les réglemens ».

Je n'ai rien à observer sur ce texte, sinon que l'échenillage est, en général, négligé ; la loi qui l'a prescrit paraît oubliée. MM. les Maires des communes rurales, pour prévenir cette VIII.me Contravention, ne négligeront pas sans doute de rappeler à leurs administrés, les soins qu'ils ont à remplir à cet égard.

IX.me et X.me CONTRAVENTIONS.

« Elles concernent ceux qui, sans autres circonstances » prévues par les lois, auront cueilli ou mangé, sur le » lieu même, des fruits appartenant à autrui.

» Ceux qui, sans aucune autre circonstance encore, au- » ront glané, ratelé ou grappillé dans les champs dont la » récolte n'est pas terminée, soit avant, soit après le cou- » cher du soleil ».

Aucune loi n'avait encore accordé aux Tribunaux de police, la connaissance du premier fait. Cependant, le maraudage et le vol des récoltes pouvaient être regardés, en quelques cas, comme l'action de cueillir des fruits sur le lieu. Mais l'un

B

et l'autre étaient punis des peines correctionnelles (*).

Quelles sont les circonstances sans lesquelles
le Code pénal accorde maintenant , aux Juges
de police , la répression de ceux qui cueillent
ou mangent , sur les lieux , les fruits appartenant
à autrui ? Je pense que si le contrevenant se permet de dévaster ou briser les fruits ou branches ;
s'il escalade ou viole les clôtures ; si le fait est
commis la nuit ou avec armes , violences , effrac-
tions et menaces , ou par plusieurs personnes
réunies ; si une seule de ces circonstances se
rencontre , la contravention se change en délit
ou crime (**) : alors le Juge de police n'est pas
compétent.

On peut demander quelles sont les espèces de
fruits dont la loi a parlé ; il est vrai qu'elle n'en
dit rien : mais si on rapproche le texte des articles 338 et 449 du même Code , on se persua-
dera aisément que le Législateur n'a entendu
placer , dans les attributions de police , que les
fruits de branches et de fleurs , et les légumes ;
puisqu'il punit de la reclusion le vol des récoltes,
qui sont des fruits de la terre ; puisqu'encore il
punit d'une détention correctionnelle, le simple
fait de couper des récoltes sur pied , ou en
vert.

Je passe maintenant au glanage , ratelage et
grappillage. Cette contravention était déjà du
ressort de la simple police , depuis la loi de septembre 1791. Mais il y a cette différence avec
le Code pénal , que la première loi ne limitait
point le temps du glanage et grappillage dans
l'intervalle du lever du soleil à son coucher, ce

_____

(*) Articles 34 et 35 du titre II de la loi de septembre 1791.
(**) Articles 385 , 393 , 397, 440 et 441 du nouveau
Code pénal.

que fait notre nouveau Code. Il veut encore qu'aucune circonstance aggravante n'accompagne les faits du glanage et du grappillage.

Ainsi, s'il y a pillage, violences, menaces, réunions de personnes, le Juge de police n'en doit pas connaître. Il connaîtra donc uniquement du glanage, du ratelage et grappillage, dans deux circonstances : 1.º si le champ, pré ou vigne, n'est pas entièrement dépouillé ou vidé de sa récolte ; 2.º si on a ratelé, glané, etc., avant ou après le lever du soleil.

XI.ᵐᵉ CONTRAVENTION.

« Les injures dites sans provocation ».

Toutes les injures verbales étaient jadis réprimées par la police, sauf celles dont il n'y avait pas de poursuites criminelles.

Le Code pénal a beaucoup limité cette attribution : il divise la connaissance des injures entre les Tribunaux correctionnels et de police.

La punition de la calomnie, cette arme perfide des méchans, est entre les mains des Juges correctionnels. Il y aura calomnie, quand une imputation de faits, qualifiés *crimes* ou *délits*, sera faite à tout individu dans un lieu public ; il y aura calomnie, quand pareille imputation sera faite soit par un acte, soit par un écrit imprimé ou non, qui aura été affiché ou distribué.

L'auteur de l'imputation ne pourra être admis à faire la preuve testimoniale ; mais il lui est réservé de fournir la preuve légale du fait qu'il a avancé. Cette preuve légale sera uniquement celle qui résultera d'un jugement ou de tout autre acte authentique (*).

Les Juges correctionnels connaissent encore des injures graves et des expressions outrageantes,

(*) Articles 368 et 370 du Code pénal.

B 2

quoiqu'elles ne soient pas des imputations de crimes ou délits. Il suffit qu'elles forment un reproche de vices déterminés. Mais les Tribunaux correctionnels ne connaissent de ces derniers faits, que dans les seuls cas de publicité, par écrits ou affiches, ou pour avoir été proférés dans les lieux publics.

Ici s'arrête la compétence correctionnelle, en matière d'injures ; alors commence celle de simple police.

Cette autorité connaît de toutes les injures verbales, qui ne sont pas proférées dans les lieux publics; mais de ces injures, la loi ne punit que celles qui auront été proférées ou écrites sans provocation.

De ces mots *sans provocation*, ne doit-on pas inférer que celui qui a été provoqué, ou le premier insulté, et qui a rendu ensuite injures pour injures, n'est point coupable ? Cela paraît une conséquence nécessaire de la loi.

Ainsi, on voit que le nouveau Code abroge l'ancienne Jurisprudence, qui avait établi une espèce de compensation en matière d'injures, d'après cette règle : *paria delicta, mutuâ compensatione tolluntur.*

Ainsi, les Juges de police n'auront plus à prononcer des peines respectives sur des injures respectives, quoique les deux parties conviendraient de s'être mutuellement insultées : celle qui seule aura insulté, sans provocation, sera punissable.

Mais il arrive souvent que le provocateur d'une rixe ou d'injures dénie les faits ; il arrive aussi que les témoins déposent de manière à laisser ignorer quel est celui qui a provoqué. Dans cette incertitude, le Juge de police doit-il simplement rejeter la plainte, par cela seul que le plaignant n'aura pas prouvé que les injures dont il se plaint lui ont été dites sans provocation ? Çela serait trop rigoureux ; et ce serait bien le cas de dire : *jus summum, summa injustitia.*

On doit, en effet, présumer que les injures reçues par le plaignant ont été proférées sans provocation, tant que l'accusé lui-même ne prétend pas qu'il a été provoqué. Mais dès que le défendeur en fait l'objection, le Juge doit ordonner que la preuve sera faite par le défendeur lui-même, de la provocation qu'il a alléguée. S'il fait cette preuve, il doit être déchargé de la plainte, purement et simplement. Et s'il ne la fait pas, il doit être déclaré convaincu.

On pourra demander ce qu'on entend par *provocation* : ce mot exprime l'action d'exciter ou d'inciter quelqu'un à une chose. Une première injure est une provocation pour celui qui la reçoit ; il est dès-lors excité à rendre l'injure par une autre. Mais une légère injure verbale pourrait-elle être regardée comme une provocation capable d'excuser des injures graves, des violences, des voies de fait ? Je ne le pense pas. Il est difficile, cependant, de bien apprécier telle ou telle provocation, sans en connaître les détails. Il serait plus difficile encore d'établir des règles générales sur ce point, sans hasarder des opinions conjecturales. Il est mieux de laisser à la prudence des Magistrats, de caractériser les provocations suivant la nature des faits et des circonstances qui seuls peuvent déterminer le Juge.

XII.me CONTRAVENTION.

« Elle atteint ceux qui, par imprudence, jetteraient des » immondices sur quelqu'un ».

Ce fait ne demande d'autres détails, sinon qu'il importe de ne pas le confondre avec la

VIIIme Contravention de 2.me classe, qui réprime le jet volontaire d'immondices sur quelqu'un ; tandis qu'ici la loi ne punit que le jet fait par imprudence.

XIIIme et XIVme CONTRAVENTIONS.

« Le passage sur le terrain d'autrui, ensemencé ou préparé, ou même sur partie de ce terrain.

» Le passage des bestiaux, bêtes de trait et de charge, sur le terrain d'autrui, avant la récolte enlevée ».

L'article 27 du titre II de la loi de septembre 1791, punissait seulement ceux qui entraient à cheval ou en voiture sur les champs ensemencés ; la loi nouvelle y ajoute les champs préparés ou labourés : dans ses dispositions générales, elle comprend toute espèce de passage ; elle ne fait point de distinction du passage à pied, de celui à cheval ou en voiture : ce qui est sage. Il est très-fréquent, dans les campagnes, que des cultivateurs, insoucians ou méchans, traversent à pied et en tous sens, les propriétés ensemencées; ils foulent hardiment les récoltes, soit pour abréger un petit espace qu'ils ont à parcourir, soit pour éviter un mauvais chemin ; soit par d'autres motifs encore. Ces procédés dévastateurs étaient presque toujours enhardis par l'impunité : rarement le propriétaire lésé (à défaut de preuves) poursuivait la réparation du dommage ; et les Gardes-champêtres, de leur côté, ne pouvaient constater un fait non qualifié *délit.*

Maintenant, ces Gardes doivent se pénétrer de l'importance du nouveau fait soumis à leur surveillance, qu'ils ne peuvent jamais employer plus utilement pour l'intérêt public comme pour le particulier. C'est en effet concourir à l'abondance des récoltes, que d'arrêter une cause habituelle de leur destruction partielle.

On ne doit cependant pas comprendre dans

la répression du passage sur les terreins préparés
ou ensemencés, celui qui en est le propriétaire,
le fermier ou l'usufruitier, ni leurs agens ou
domestiques; enfin, celui qui aurait un droit
de servitude sur les terrains.

Mais on doit assimiler à ces terreins préparés
ou ensemencés, les prés naturels et artificiels,
qui sont toujours ensemencés, et dont la végétation souffre autant que les blés, d'un passage
quelconque.

Telles sont les contraventions de la première
classe, punies d'une amende depuis un franc
jusqu'à cinq francs. Mais cette amende graduée
n'est pas la seule peine qu'il convient d'appliquer.

La loi ordonne la confiscation des pièces d'artifices saisies dans le cas de la II.me Contravention; elle l'ordonne aussi des armes et instrumens
désignés par la VII.me Contravention. C'est impérieusement que la loi ordonne ces confiscations,
et il n'y a rien, à cet égard, de facultatif pour
les Juges.

La peine d'emprisonnement, pendant trois
jours, est ajoutée à l'amende graduée contre ceux
qui seront coupables de la contravention relative aux pièces d'artifices, et contre ceux qui
auront glané, ratelé ou grappillé contrairement
à ce que la loi prescrit; mais l'emprisonnement
n'est point impérativement ordonné. La loi, en
se servant de ces termes : « pourra de plus être
» prononcé suivant les circonstances, etc. »,
laisse évidemment aux lumières et à la conscience
du Juge, de déterminer les circonstances où la
peine d'emprisonnement doit être appliquée.

Mais cette peine devient générale et impérativement nécessaire en cas de récidive, dont les
Juges de police connaissent maintenant pour
toutes contraventions.

C'est ici une innovation au Code de brumaire,

qui classait les récidives dans la compétence correctionnelle. On peut dire que cette innovation est heureuse et équitable : il est dans l'ordre que le Juge qui a connu du premier fait, connaisse aussi de la récidive. Si celle-ci mérite une peine plus forte que le premier fait, cette graduation se trouve dans la peine d'emprisonnement, alors toujours nécessaire. Cette peine plus forte se trouve encore dans les dommages-intérêts de la partie lésée, principalement lorsqu'elle est la même dans le premier fait que dans la récidive.

Tel est l'esprit de la loi de juillet 1791, qui, sans changer la compétence, en cas de récidive, doublait seulement la peine.

CHAPITRE II.

Seconde classe de Contraventions.

CELLES-ci se composent de treize faits principaux. Elles sont punies d'amende depuis six francs jusqu'à dix francs (article 475 du Code pénal).

1er. FAIT. « Être contrevenu aux Bans de vendanges, ou autres, autorisés par les réglemens ».

On entend par Ban de vendanges, la publication du jour où il est libre à chacun de cueillir les fruits de la vigne.

Ce Ban était jadis un droit féodal. Le Seigneur de fief avait, en général, le droit de fixer l'ouverture des vendanges. Les nobles et les ecclésiastiques n'en étaient point exempts, ce droit étant regardé comme une charge réelle et patrimoniale. Maintenant le Ban de vendanges est une attribution des Officiers de police.

Il s'est formé, dans les campagnes, plusieurs opinions sur ce point. Tel propriétaire ne pense pas être tenu au Ban de vendanges, lorsque sa vigne n'est point assujettie à des redevances en nature envers un tiers ; tel autre pense de même, si son héritage est isolé des autres vignobles ; tel autre pense que, dans un terrain clos, on ne peut être soumis au Ban de vendanges ; d'autres enfin se persuadent que la volonté des Maires peut seule les dispenser.

Ces différentes distinctions n'existent ni dans les lois nouvelles, ni dans les lois anciennes : elles ne peuvent donc être fondées, puisque la loi est générale. Cependant, la publication du Ban de vendanges n'étant qu'un acte de police et de bon ordre, celui qui vendange dans un terrain clos doit en être dispensé, parce qu'il n'y a point à craindre qu'il trouble l'ordre commun, ni qu'il nuise à autrui.

C'est la seule exception qui me paraisse admissible sur le Ban de vendanges. Dans tous autres cas, les propriétaires doivent s'y soumettre ; et aucun Officier de police ne peut accorder de dispenses qui se ressentiraient de l'arbitraire.

Je pense d'ailleurs que cet article demande une exécution rigoureuse, d'abord contre les petits propriétaires qui, en beaucoup d'endroits, s'empressent de vendanger avant l'ouverture des vendanges. Cette précipitation entraîne plusieurs inconvéniens, dont les moindres sont de faire des dégâts aux propriétaires voisins, et de se soustraire à leur surveillance.

On doit, d'un autre côté, tenir la main à l'exécution des Bans de vendanges, parce que la majeure partie des vignes, dans plusieurs pays, est assujettie à des redevances en nature. Celui à qui elles sont dues est exposé à les perdre, du moins en partie, s'il n'est instruit du moment où son redevable cueille les fruits , et s'il n'a pas déjà préparé, dans ses cuves et pressoirs, tout ce qui est nécessaire pour recevoir une semblable récolte.

IIme *FAIT de seconde classe.*

« Les aubergistes, ou tous autres logeurs, qui n'écriront
» pas de suite , et sans aucun blanc , sur un registre tenu
» régulièrement , les noms , qualités, domiciles , entrées
» et sorties de tous ceux qu'ils logent, même pendant une
» seule nuit.

» Le refus de représenter ce registre, soit à des époques
» déterminées , soit sur la simple requisition des Maires ,
» Adjoints ou Officiers de police ».

Cette double disposition en est une de sûreté publique. C'est là un des principaux moyens de découvrir les coupables , les gens sans aveu, et les vagabonds. C'est là un préservatif contre l'exécution du crime ; car si celui qui le médite ne trouve pas un asyle qui le favorise , il renonce à son coupable projet.

Une surveillance active doit donc être employée pour assurer l'exécution de cet article. Les logeurs et les aubergistes doivent considérer combien ils seraient coupables , si , par négligence ou faiblesse, ils facilitaient aux méchans les moyens de nuire à la société. Ils doivent se pénétrer de toute l'étendue du devoir qu'ils ont chaque jour à remplir , s'ils ne veulent s'exposer à une responsabilité forte mais juste. Qu'ils se rappèlent qu'ils sont civilement responsables des restitutions, des indemnités et des frais adjugés à ceux qui auraient été victimes d'un crime ou délit commis par des individus qui auraient logé chez eux plus de vingt-quatre heures , et dont ils n'auraient pas inscrit sur leurs régistres, les noms, professions et domiciles (*).

_____

(*) Article 73 du Code pénal.

III.me CONTRAVENTION de 2e. classe.

« Les rouliers, charretiers, conducteurs de voitures quel-
» conques, ou de bêtes de charge, qui ne se tiennent pas
» constamment à portée de leurs chevaux, bêtes de trait ou
» de charge, et de leurs voitures, en état de les guider et
» conduire.

» Ceux qui ne se bornent pas à occuper un seul côté des
» rues, chemins ou voies publiques ; qui ne se détournent
» pas de toutes autres voitures, et à leur approche, qui ne
» leur laissent pas au moins la moitié des rues ou chemins».

Il est à desirer que ces sages précautions acquièrent la plus grande publicité. Un avertissement paternel de MM. les Maires peut suffire
pour en instruire particulièrement les rouliers
et autres individus dénommés dans le texte ; mais
un réglement général seul me paraît pouvoir compléter l'exécution de la loi. Un pareil réglement
peut seul, en effet, prescrire un ordre de marche aux rouliers et voituriers, en leur assignant
comme dans la capitale, tel côté de la voie publique pour celui qui part, et tel autre côté pour
celui qui arrive.

Alors il ne resterait plus de prétexte à la négligence fâcheuse que les voituriers apportent
en général dans la conduite de leurs voitures ;
alors ils ne pourraient plus s'excuser de leur
ignorance de la loi ; alors on ferait cesser ces
encombremens dans les rues et chemins, occasionnés par l'obstination des rouliers à se disputer
le passage entre eux et aux autres voyageurs.

Le comte Réal, orateur du Gouvernement,
en proposant le 4e. Liv. du Code pénal, a fortement insisté sur ce point. Cette troisième contravention, a-t-il dit, est établie pour défendre
le voyageur, de l'insolence et de la tyrannie du
roulier.

IV.me CONTRAVENTION de 2e. classe.

« Laisser courir les chevaux , bêtes de trait , de charge
» ou de monture , dans l'intérieur des lieux habités.

» La violation des réglemens contre le chargement ex-
» cessif, la rapidité ou la mauvaise direction des voitures ».

Ce sont là des dispositions nouvelles et nécessaires : aucune loi n'avait réputé ces faits *délits*
de police, et c'était une lacune. La partie lésée ,
soit par l'introduction ou la course d'animaux
dans des lieux habités , soit par la mauvaise direction ou chargement excessif des voitures ,
avait bien le droit de réclamer une indemnité ;
mais la partie publique ne pouvait circonvenir
de son autorité , les auteurs de ces maladresses
ou négligences , parce qu'elles n'étaient pas
qualifiées *délit*. La loi nouvelle remplit ce vide :
elle paraît établir une sorte de parité entre le fait
de laisser courir des animaux dans des lieux habités , et celui du passage des animaux sur les
terrains préparés ou ensemencés , ou chargés de
récoltes. Le premier fait peut même devenir plus
grave : car l'introduction d'animaux , dans un
lieu habité , peut blesser les personnes ; tandis
que , sur les terrains , les animaux qui y sont
introduits , ne nuisent qu'aux propriétés mobilières.

Il est vrai que les lois antérieures au Code
pénal , ont réprimé les blessures occasionnées
par les mêmes faits ; mais ici la loi nouvelle va
plus loin : elle punit , non seulement les blessures , par la voie correctionnelle ; mais encore
elle punit comme contravention , jusqu'à la possibilité même des accidens ou blessures , par la
seule introduction d'animaux dans les lieux
habités.

Vme et VIme CONTRAVENTIONS de 2e. classe.

« La première défend de tenir ou d'établir dans les rues,
» places, chemins ou lieux publics, des jeux de loterie ou
» d'autres jeux de hasard.

» La seconde punit ceux qui auront vendu ou débité des
» boissons falsifiées, sans préjudice des peines plus sévères,
» qui seront prononcées par les Tribunaux de police cor-
» rectionnelle, dans le cas où elles contiendraient des mix-
» tions nuisibles à la santé ».

Les jeux de hasard, dans les maisons où le
public est admis, étaient prohibés par l'article
36 de la loi de juillet 1791 ; mais la répression
en appartenait à la police correctionnelle. Ici
le nouveau Code pénal délègue à la police simple, la punition de ceux qui tiendraient de semblables jeux dans les rues, places, chemins et
lieux publics. Assurément, par ces derniers
mots, on peut entendre les maisons où le public est admis, comme les cabarets, auberges,
cafés, etc. Depuis long-temps les agens de police paraissent et exercent dans ces maisons,
comme lieux publics. Mais je ne crois point
qu'elles soient comprises dans l'espèce de cette
Vme Contravention ; je pense, au contraire, que
la loi a seulement voulu désigner ici tous les
lieux publics ouverts, et non pas des maisons de
jeu.

C'est ce qui me paraît évident, d'après les
dispositions de l'article 410 du Code, conçu en
ces termes : « Ceux qui auront tenu une maison
» de jeux de hasard, et y auront admis le pu-
» blic, soit librement, soit sur la présentation
» des intéressés ou affiliés, etc., seront punis
» d'un emprisonnement de deux mois au moins,
» et de six mois au plus, et d'une amende de
» cent francs à six mille francs, etc. ».

Je passe maintenant à la VIme Contravention,
relative à la vente des boissons falsifiées. Je
trouve difficile le mode de la constater,

Qu'un épicier soit accusé d'avoir falsifié des huiles d'olive, le Juge et les agens de police ne pourront eux - mêmes déguster les huiles, et vérifier la falsification ; cela n'est point d'ailleurs dans leurs attributions. Il devra donc être nommé des experts, qui seront nécessairement pris dans la classe des épiciers ou marchands en gros. Il importe de bien choisir ces experts, puisque de leur probité dépendra la culpabilité du prévenu.

Il en sera de même des débitans de vins, bières et liqueurs ; les experts qui seront nommés pour constater la contravention, seront aussi pris dans la classe du prévenu, et pourront craindre la même surveillance.

Proposer d'ailleurs d'établir des dégustateurs jurés, ce serait une institution nouvelle, qui ne serait pas sans inconvéniens.

Ainsi, il est mieux de laisser aux Juges et agens de police, le choix des moyens qu'ils trouveront les plus propres à atteindre le falsificateur, suivant les circonstances, les localités et les personnes.

Il y a deux choses à constater dans la falsification des boissons : d'abord s'il y a falsification simple ; ensuite s'il y a mixtion dangereuse, ou nuisible à la santé. Cette distinction est indispensable pour fixer la compétence du Juge, puisque dès qu'il y a mixtion dangereuse, le Juge de police cesse d'être compétent.

Dans tous les cas, les huiles, vins, bières et liqueurs falsifiés, doivent être confisqués ; la loi ordonne qu'ils seront répandus sans distinction, lorsqu'ils appartiendront au vendeur et débitant.

Je crois cependant pouvoir dire que la loi n'a probablement entendu ordonner que le jet des vins et autres liquides falsifiés d'une manière dangereuse ; car autrement le liquide simplement altéré, a toujours une valeur utile.

VII.me CONTRAVENTION de 2e. classe.

« Elle atteint ceux qui laisseraient divaguer des fous ou
» des furieux, étant sous leur garde, ou des animaux mal-
» faisans ou féroces. Elle atteint encore ceux qui auront
» excité ou n'auront pas retenu leurs chiens, lorsqu'ils
» attaquent ou poursuivent les passans, quand même il
» n'en serait résulté aucun mal ni dommage ».

La première partie de cet article est entièrement renouvellée des lois précédentes, qui
avaient aussi prévu ce cas.

Quant à la seconde, elle me paraît absolument
nouvelle en législation de police. Ni la loi de
juillet, ni celle de septembre 1791, ni le Code
de brumaire an 4, n'avaient qualifié *délit de
police*, le fait d'exciter ou de n'avoir pas retenu
ses chiens, lorsqu'ils attaquent ou poursuivent
les passans, lors même qu'il n'en résulte aucun
mal. J'ai seulement connu quelques réglemens
locaux, qui établissaient en partie des dispositions analogues, mais qui n'ont jamais été étendus
jusqu'au cas où il n'arrive de mal à personne.

Cependant, je dois louer l'attentive prudence
de cette disposition. Il ne faut pas, en effet,
attendre le mal pour le punir : il est mieux de le
prévenir. Si les chiens de garde ne sont point
excités, et s'ils sont rétenus, le passant n'aura
rien à en redouter. C'est dans les campagnes
principalement que ces inconvéniens sont plus
à craindre, parce qu'il y a communément des
chiens de garde, forts ou méchans ; parce que
souvent les bergers se font un jeu d'exciter leurs
chiens après les passans, pour jouir de leur
inquiétude.

La surveillance des Gardes-champêtres sera
ici très-utile. Ils devront veiller à la sûreté du
passant, lorsqu'elle sera menacée ou seulement
inquiétée par les chiens ; ils devront dresser des
procès-verbaux contre ceux qui seront coupables

de négligence ou de malveillance , et alors ils
feront respecter les personnes comme ils doivent
faire respecter les propriétés.

VIIIme CONTRAVENTION de 2e. classe.

« Celle-ci , comme la précédente , a deux parties distinctes :
» la première concerne ceux qui auraient jeté des pierres ou
» autres corps durs , ou des immondices, contre les maisons ,
» édifices ou clôtures d'autrui , ou dans les jardins ou enclos.
» La seconde partie punit ceux qui auraient volontairement
» jeté des corps durs ou des immondices sur quelqu'un ».

Le 3e. paragraphe de l'article 605 du Code de
brumaire , défend de rien jeter qui puisse nuire
ou endommager par sa chûte. La loi nouvelle
précise les faits , qu'elle étend jusqu'aux jardins
ou enclos.

L'article 13 de la loi de juillet 1791 , et le 8e.
paragraphe du même article 605 , classaient dans
la compétence correctionnelle, toutes blessures
ou coups donnés volontairement : il y a une légère innovation dans cette VIIIme Contravention,
à l'égard du jet volontaire des corps durs ou des
pierres sur les personnes , qui est assurément
une manière de frapper, ou même de blesser.

Pour bien juger ce fait, il faut distinguer deux
choses : 1.° il ne faut pas confondre le jet volontaire d'immondices ou de corps durs sur quelqu'un , avec le jet de semblables choses commis
imprudemment. Ce dernier fait est moins grave
que le premier ; aussi n'est-il puni , comme je
l'ai déjà dit, que de l'amende d'un franc à cinq ;
tandis que le jet volontaire encourt l'amende de
six francs à dix francs ;

2.° Si le jet volontaire fait une blessure assez
grave pour occasionner une maladie ou une incapacité de travail personnel, pendant plus de
vingt jours ; si le même fait produit simplement
une blessure : dans ces deux cas, le jet volontaire
ne sera point du ressort de la police ; puisque
dans

dans la première hypothèse il est puni de la reclusion, et dans la seconde il y a lieu à l'emprisonnement d'un mois à deux ans (*).

IX.me CONTRAVENTION de 2e. classe.

« La loi punit ici ceux qui, n'étant ni propriétaires, usu-
» fruitiers ou fermiers, ni agens de ceux-ci, seront entrés
» et auront passé dans les terrains chargés de grains en
» tuyau, de raisins ou autres fruits mûrs, ou voisins de la
» récolte ».

Cette contravention se rapproche beaucoup de la XIII.me de première classe, qui interdit tout passage à ceux qui sont sans droit, sur les terrains préparés ou ensemencés. La loi élève, dans celle-ci, la peine contre le même passage sur les terrains chargés de fruits, de grains en tuyau, ou voisins de la récolte. La raison en est sensible : le dommage fait dans le cas de cette IX.me Contravention est nécessairement plus grand que dans le premier cas. Il est essentiel de distinguer attentivement ces deux dispositions, qui n'ont d'autre différence que le temps où le passage est fait, suivant qu'il est plus ou moins éloigné de la maturité des fruits.

X.me CONTRAVENTION de 2e. classe.

« Elle réprime ceux qui, sans aucun droit, ont laissé
» passer des bestiaux, animaux de trait ou autres, sur les
» terrains chargés d'une récolte, en quelque saison que ce
» soit, et encore dans les bois-taillis ».

Cet article paraît d'abord être le même que le 14.e des Contraventions de première classe, qui punit comme celui-ci, ceux qui auront laissé passer leurs bestiaux, bêtes de trait ou autres, sur le terrain d'autrui, avant l'enlèvement de la récolte ; et c'est ce que répète, presque en

(*) Articles 309 et 311 du nouveau Code pénal.

G

mêmes termes , cette Xme contravention de 2e. classe. Elle y ajoute pourtant les bois - taillis ; mais cette ressemblance cesse après quelques réflexions. Le premier article ne parle que de l'action de laisser passer des bestiaux sur le terrain d'autrui , *avant l'enlèvement de la récolte ;* c'est-à-dire lorsque les fruits , séparés du sol , sont encore entassés sur le champ : alors c'est une récolte faite , mais non encore enlevée , à la conservation de laquelle la loi doit veiller.

Ce dernier article , au contraire , parle d'un passage de bestiaux sur un champ encore ensemencé , et cela dans quelque saison que ce soit ; ce qui est bien différent du premier fait , qui ne produit qu'un dommage plus léger , et qui n'entraîne par conséquent qu'une peine inférieure.

Une autre différence encore , se forme de ce que la loi ne place la XIVme Contravention de première classe que dans un seul moment, *avant l'enlèvement de la récolte ;* mais pour cette dernière contravention , la loi l'étend à toutes les saisons où le terrain peut être ensemencé ou chargé de récoltes.

Telle est la distinction que j'ai cru devoir faire entre la XIVme Contravention de première classe, et cette Xme de seconde classe. Je dois même dire qu'elle m'a été présentée par un savant Magistrat.

XIme CONTRAVENTION de 2e. classe.

« La loi punit, dans cet article, ceux qui refuseront de » recevoir les espèces nationales , non fausses ni altérées , » selon la valeur pour laquelle elles ont cours ».

Cette répression n'est point nouvelle dans les attributions de police ; mais ici on peut dire que la sagesse a mesuré la peine à la gravité du délit. Ce n'est plus, comme dans des temps funestes, la peine capitale qui expie l'opiniâtreté ou la crainte de recevoir la monnaie nationale ; ce sont simplement les entraves apportées à la circulation des espèces, que la loi corrige aujourd'hui. Le Prince des héros, qui a si bien su établir l'ordre et la justice sur le cahos et la dévastation, se sent assurément assez fort, assez puissant, assez chéri, pour ne pas douter que son effigie sera constamment respectée. Aussi, je ne crains pas de le dire, le cas prévu ici par la loi, sera très-rare, à moins que la perfidie n'y entraîne la plus basse ignorance.

XII.me CONTRAVENTION de 2e. classe.

« Celle-ci porte la peine due à la lâcheté ; elle atteint
» ceux qui, le pouvant, auront refusé ou négligé de faire
» les travaux, le service, ou de prêter les secours requis
» dans les accidens, tumultes, naufrages, inondations,
» incendies ou autres calamités ; ainsi que dans les cas de
» brigandages, pillages, flagrants délits, clameurs publi-
» ques ou exécutions judiciaires ».

L'article 17 de la loi de juillet 1791 punissait d'une amende égale au quart de la contribution mobilière du délinquant, le refus de secours et services requis par la police, dans le cas d'incendie ou autres fléaux calamiteux. Cette peine variait suivant les facultés des personnes ; elle se trouvait rarement dans la ligne de la compétence de police, si ce n'est dans le cas de son *minimum*, fixé à 3 ₶. Aujourd'hui point de variation sur le taux de la peine, point de variation dans la compétence.

Il serait fâcheux que l'application de cette XII.meContravention fût fréquente. Si les hommes en société étaient bien persuadés qu'ils se doivent entre eux de mutuels secours, dans toutes les circonstances fâcheuses, il n'y aurait jamais lieu d'appliquer la peine de cet article. Mais l'expérience nous prouve journellement que les hommes ne sont pas toujours dans cette persuasion.

Le maintien de l'ordre demandera donc que les moyens de secours soient exigés par la réquisition et la punition du refus.

En général d'ailleurs, dès qu'un Fonctionnaire public, ayant le pouvoir de l'arrestation, a fait entendre le cri de *force à la loi*, dans les cas de flagrant délit, clameur, tumulte, sédition, etc., tous ceux qui on pu entendre ce cri sont coupables, si, à l'instant même, ils ne prêtent main-forte à l'autorité, s'ils ne saisissent ou poursuivent le prévenu.

XIII.me et dernière CONTRAVENTION
de deuxième classe.

« Celle-ci se forme des circonstances atténuantes des délits prévus par les articles 283 et 287 du Code pénal ».

Toute publication ou distribution d'ouvrages, écrits, avis, bulletins, affiches, journaux, feuilles périodiques, ou autres imprimés, dans lesquels ne se trouvera pas l'indication vraie des noms, profession et demeure de l'auteur ou de l'imprimeur, sera, pour ce seul fait, punie d'un emprisonnement de six jours à six mois, contre toute personne qui aura sciemment contribué à la publication ou distribution. Tel est le texte de l'article 283 ; mais l'article 284 réduit cette disposition aux peines de simple police, à l'égard des crieurs, afficheurs, vendeurs, distributeurs; à l'égard de celui qui aura fait connaître l'imprimeur, à l'égard même de l'imprimeur qui aura fait connaître l'auteur.

Toutes expositions ou distributions de chansons, pamphlets, figures ou images, contraires aux bonnes mœurs, seront punies d'une amende de seize francs à cinq cents francs, d'un emprisonnement d'un mois à un an, et de la confiscation des planches, exemplaires gravés ou imprimés.

Cette disposition, prononcée par l'article 287 du Code pénal, est réduite à des peines de simple

police , envers les crieurs , vendeurs ou distributeurs qui auront fait connaître la personne qui
leur aura remis l'objet du délit ; envers quiconque
aura fait connaître l'imprimeur ou le graveur ;
envers l'imprimeur ou le graveur qui aura fait
connaître l'auteur , ou la personne qui les aura
chargés de l'impression ou de la gravure.

Ici se terminent les Contraventions de 2e.
classe , qui ne sont pas toujours uniquement
punies de l'amende graduée de six francs à dix.
Le Juge peut encore appliquer la peine d'emprisonnement , pendant trois jours au plus , contre
les rouliers , charretiers , voituriers et conducteurs en contravention ; contre ceux qui auront
violé les réglemens sur le chargement , la rapidité ou la mauvaise direction des voitures et
des animaux ; contre les vendeurs et débitans
de boissons falsifiées ; contre ceux qui auraient
jeté des corps durs ou des immondices.

La loi laisse à la prudence du Juge de déterminer,
suivant les circonstances , l'application de la peine
d'emprisonnement. Ces circonstances seraient
difficiles à prévoir entièrement comme à bien
préciser ; elles dépendent souvent de la nature
des faits et de leur variation. Mais en général ,
ces circonstances seront celles dont le Juge sera
frappé au moment du jugement , et qui annon-
ceront une méchanceté préméditée ou une imprudence grave.

En cas de récidive , la peine de prison est
généralement et nécessairement appliquée à
toutes les contraventions de 2.me classe , pendant cinq jours. Il y a récidive lorsque , pour un
même fait dont le contrevenant est accusé , il aura
déjà été rendu contre lui , dans la même année ,
un premier jugement par le même Tribunal de
police. C'est ainsi que la récidive a été définie
par le Code de brumaire an 4 , comme elle l'est

aujourd'hui par l'article 483 du nouveau Code.

Mais si la peine d'emprisonnement est d'abord facultative, il n'en est pas de même de la confiscation que la loi établit nécessairement, 1.° pour les tables, instrumens et appareils des loteries, ainsi que des fonds et enjeux; 2.° pour les boissons falsifiées appartenant au vendeur et débitant, et pour les écrits ou gravures contraires aux mœurs, qui doivent être mis sous le pilon.

CHAPITRE III.

Troisième classe de Contraventions.

LES Contraventions de 3.me classe sont divisées en huit parties; elles sont généralement punies d'une amende de onze à quinze francs inclusivement. Cinq d'entre elles sont punies de la peine d'emprisonnement, et deux autres le sont de la confiscation.

I.re CONTRAVENTION.

« La loi punit ici ceux qui auront causé volontairement » du dommage aux propriétés mobilières d'autrui ».

De grandes exceptions sont faites dans ce cas: il importe de les bien connaître, car elles ne sont pas de la compétence des Juges de police. Ces exceptions sont établies depuis l'article 434 jusques et compris l'article 462 du Code. Je dois les rappeler sommairement.

« Ceux qui auront volontairement mis le feu à des bateaux, » navires, magasins, récoltes, forêts, etc.

» Ceux qui auront détruit de semblables choses par l'effet » d'une mine. Celui qui aura volontairement détruit ou ren- » versé, par quelque moyen que ce soit, en tout ou partie,

» des édifices, ponts, ou toutes autres constructions appar-
» tenant à autrui.

» La destruction ou incendie de registres, actes publics,
» titres, billets, lettres de change.

» Le pillage, les dégâts de denrées, marchandises, pro-
» priétés mobilières, commis en réunion ou à force ouverte.

» Celui qui, à l'aide d'une liqueur corrosive, aura volon-
» tairement gâté des marchandises ou matières servant à
» fabrication.

» Le dévastateur de récoltes sur pied, ou de plants venus
» naturellement ou faits de main d'homme.

» Celui qui abattra un ou plusieurs arbres appartenant à
» autrui. De même celui qui écorcera ou mutilera des ar-
» bres, de manière à les faire périr, ou détruira des greffes.

» Celui qui aura coupé des grains et fourrages apparte-
» nant à autrui.

» Toute rupture, toute destruction d'instrumens d'agri-
» culture, de parcs de bestiaux, de cabanes de gardiens.

» L'empoisonnement de chevaux ou autres bêtes de charge,
» bêtes à cornes, moutons, chèvres et porcs, et des poissons
» dans les étangs, viviers ou réservoirs.

» Ceux qui auront, sans nécessité, tué l'un des animaux
» précédemment nommés.

» Celui qui aura comblé des fossés, en tout ou partie ;
» détruit des clôtures, telles qu'elles soient ; coupé ou
» arraché des haies vives ou sèches ; déplacé ou supprimé
» des bornes, ou des arbres plantés pour établir les limites
» des héritages.

» Les propriétaires, fermiers ou autres, jouissant des
» moulins, usines ou étangs, qui, par l'élévation du dé-
» versoir de leurs eaux, au-dessus de la hauteur déterminée
» par l'autorité compétente, auront inondé les propriétés
» d'autrui, ou les chemins publics.

» Ceux qui, par défaut de réparations ou de nettoyage
» des fours, cheminées, forges, etc. ; par des feux allumés
» dans les champs, à moins de cent mètres des maisons,
» édifices, forêts, etc., par des lumières, ou des feux
» laissés ou portés sans précaution, et par des pièces d'ar-
» tifices allumées ou tirées par négligence ou imprudence,
» occasionneront l'incendie des propriétés mobilières ou
» immobilières d'autrui.

» Enfin, le détenteur d'animaux soupçonnés ou atteints
» de maladie contagieuse, qui n'a pas averti le Maire de la
» commune ; qui n'a pas tenu ces animaux renfermés, même
» avant la réponse du Maire ; et qui, malgré ses défenses,
» a laissé communiquer avec d'autres, les animaux infectés ».

Tous ces délinquans, tous ces faits que je viens de tracer, sont punis ou par la justice criminelle, ou par les Juges correctionnels. Ce n'est donc point dans aucuns de ces cas, que les Juges de police connaîtront du dommage volontaire causé aux propriétés mobilières d'autrui, mais bien dans tous autres cas moins graves et non prévus.

Ainsi ceux qui, par des actions volontaires, auront endommagé ou dégradé des marchandises, denrées, comestibles, exposés en vente, seront sans doute punis par la police simple, si le dégât n'a point été commis par la réunion de plusieurs personnes, ou à force ouverte.

Ainsi, celui qui salit, déchire ou dégrade volontairement les habillemens des passans; celui qui en use de même à l'égard des linges exposés aux séchoirs, ou d'autres objets confiés à la foi publique; celui qui commet un léger pillage de fruits d'arbres ou de plants, à maturité ou non; celui qui, volontairement, détériore des fruits pendant par racines : tous ces contrevenans doivent encore être punis par la police, s'il n'y a cependant pas dévastation, ou réunion de délinquans, ou force ouverte.

En général, tout fait volontaire qui endommage la propriété mobilière d'autrui, et qui n'a pas un seul caractère des faits compris dans l'esprit des articles 234 jusqu'à 262 du Code, doit être regardé comme fait de simple police.

On doit cependant remarquer que la loi a excepté de cette I.re Contravention de 3.e classe, le jet volontaire de corps durs ou d'immondices sur quelqu'un. Ce fait particulier est puni seulement des peines de deuxième classe; c'est ce que j'ai développé dans le précédent Chapitre, VIII.me Contravention.

Deuxième FAIT *de la troisième classe.*

« La loi punit ici ceux qui auront occasionné la mort ou
» la blessure des animaux ou bestiaux appartenant à autrui ;
» par la divagation des fous ou furieux, ou d'animaux mal-
» faisans ou féroces, ou par la rapidité et la mauvaise di-
» rection, ou le chargement excessif des voitures, chevaux,
» bêtes de trait, de charge ou de monture ».

On voit que la première partie de cette disposition est le complément du 4.me paragraphe
de l'article 605 du Code des délits et des peines,
et du 7.me de l'article 475 du nouveau Code. Ces
deux paragraphes n'ont prévu que le simple cas
de la divagation des fous, furieux, animaux
malfaisans ou féroces, et ils ne s'étendent point
aux dégâts occasionnés par cette divagation.
Celui prévu dans cette disposition nouvelle se
borne à la mort, ou à la blessure d'animaux
appartenant à autrui. Mais si, au lieu de
blessures, l'animal atteint par l'imprudence
ou la maladresse, n'éprouvait qu'une légère
contusion, je pense que ce fait ne devrait pas
être réprimé d'une aussi forte peine que s'il y avait
mort ou blessure : alors ce serait le cas d'appliquer la peine de 2.me classe ; parce que le fait
particulier d'une simple contusion se rattache-
rait beaucoup à celui des rouliers qui guident
mal ou qui ne guident pas leurs voitures.

La seconde partie du deuxième Fait de 3.me
classe est aussi le complément des paragraphes
3 et 4 de l'article 475 du Code pénal : ces paragraphes ne répriment que la mauvaise direction,
la rapidité ou le chargement excessif des voitures, tandis que cette seconde partie pourvoit
à des dommages occasionnés par les mêmes faits.

D'après ces diverses dispositions, si le Juge
de police est appelé à prononcer sur la divagation des fous, furieux, animaux féroces ou malfaisans ; s'il doit réprimer la mauvaise direction,

le chargement excessif, la rapidité des voitures et des bêtes de charge, il doit d'abord examiner si les faits sont simples et dénués de toutes circonstances, et alors il applique les peines de 2.me classe. Mais si ces faits ont occasionné soit un dommage volontaire, non excepté des attributions de police, soit la blessure ou la mort de bestiaux ou d'animaux appartenant à autrui ; dans ces derniers cas, il doit appliquer la peine de 3.me classe.

Ces réflexions s'appliquent naturellement à la IIIme Contravention de même classe, qui réprime « ceux qui ont occasionné les mêmes dom- » mages, par l'emploi ou l'usage d'armes, sans » précaution ou avec maladresse, ou par jet de » pierres ou autres corps durs ».

Elles s'appliquent aussi à la IVme Contravention de cette même classe : « c'est encore la » mort ou la blessure accidentelle des animaux » appartenant à autrui, que la loi punit, lors- » que cela a lieu par la vétusté, la dégradation, » le défaut de réparation ou d'entretien des » maisons ou édifices ; par l'encombrement ou » l'excavation, ou par telles autres œuvres, » dans et près les rues, places ou voies publi- » ques, sans les précautions ou signaux d'usage».

Dans ces trois paragraphes, c'est la même contravention que la loi corrige par une même peine, quoiqu'elle arrive par des faits différens ou par plusieurs causes. Ainsi, c'est le même principe qui doit guider le Juge dans sa décision sur tous ces points. *Ubi eadem ratio, ibi et idem jus.*

Vme CONTRAVENTION de 3e. classe.

« Elle atteint ceux qui auront de faux poids ou de fausses
» mesures, dans leurs magasins, boutiques, ateliers ou
» maisons de commerce, ou dans les halles, foires et
» marchés ».

Je n'ai autre chose à observer sur cet article,
sinon que le Juge de police doit distinguer essentiellement le possesseur de faux poids et mesures,
d'avec celui qui vend avec ces faux poids ou
fausses mesures. Le premier n'est punissable
que des peines de 3.me classe de police, et le
second encourt les peines correctionnelles.

La loi de juillet 1791 prononçait, contre celui
qui vendait à faux poids ou à fausses mesures,
une amende de cent francs au moins. Cette
amende était d'abord appliquée par la police
municipale ; mais le Code de brumaire an 4,
ayant borné les peines de police à l'amende de
trois journées de travail, alors le vendeur à
faux poids ou à fausses mesures, devint justi-
ciable du Tribunal correctionnel. Plusieurs décisions ministérielles, et des arrêts de la Cour
de cassassion, l'ont jugé ainsi.

VIme CONTRAVENTION de 3e. classe.

« Celle-ci ne me paraît que le développement de la pré-
» cédente. Elle frappe ceux qui emploieront des poids ou
» des mesures différens de ceux qui sont établis par les lois
» en vigueur ».

En effet, si le simple possesseur de faux poids
ou de fausses mesures, doit être puni, quoiqu'il n'en fasse pas usage, *a fortiori*, est-il nécessaire de punir celui qui fait usage de poids et
mesures supprimés : car ces derniers doivent être
considérés, sous plus d'un rapport, comme des
mesures et poids faux ; ils doivent être regardés
tels, dès qu'ils ne peuvent recevoir l'étalonnage,
qui est la seule garantie de l'exactitude des poids

et mesures ; ils doivent être regardés tels, pour la vente des denrées taxées par l'autorité, dont la taxe n'est faite que sur les poids et mesures en vigueur ; ils doivent enfin être regardés tels, pour les actes publics dans lesquels la loi défend de les employer.

Il me paraît important de réprimer soigneusement ceux qui sont dans le cas de cette VIme Contravention. C'est avec une répugnance particulière que les nouveaux poids et mesures ont été reçus par une partie du peuple. L'ignorance, la négligence, les habitudes anciennes, semblent repousser une institution tout-à-la-fois heureuse, scientifique et simple.

Depuis des siècles, le besoin de l'uniformité des poids et mesures se faisait sentir en France, principalement dans la classe commerçante. C'était une étude particulière pour le spéculateur, que la connaissance de l'énorme multiplicité des mesures locales et des poids différens, jadis établis en France. Les nombreux volumes imprimés sur ces matières, prouvent assez ce que j'avance. Cette bizarrerie a disparu : des mesures égales, des poids uniformes, l'ont remplacée. Cette vaste opération, projettée et commencée depuis long-temps, n'a pu enfin être terminée que par la puissante protection du grand génie qui règne sur la France. Cet illustre Souverain, dont toutes les pensées commandent l'admiration, n'a point dissimulé le haut intérêt qu'il a pris à l'uniformité des poids et mesures, et à leur parfaite exécution.

Tous les Fonctionnaires auxquels la loi délègue quelque autorité sur cet objet important, doivent donc répondre aux vœux de la loi et du grand Souverain, par tous les moyens qui sont en leur pouvoir.

VIIme CONTRAVENTION de 3e. classe.

« Elle atteint ceux qui font le métier de deviner et pro-
» nostiquer , ou d'expliquer les songes ».

Une pareille disposition sera assurément illusoire , pour cette partie de la société dont l'édu-
cation ne lui permet pas de croire aux devins
et aux sorciers ; mais la plus nombreuse partie
du peuple est crédule et superstitieuse ; le mer-
veilleux lui plaît, et de frivoles craintes l'épou-
vantent.

Ceux qui abusent de la crédulité de cette partie
du peuple , par des prédictions bizarres , des
menaces éphémères ou des espérances ridicules,
sont bien coupables. Ils commettent non-seule-
ment des escroqueries, mais encore ils peuvent
détruire le bonheur des époux, semer la division
dans les familles, exciter la haine et la vengeance,
alarmer les consciences, et troubler le repos des
faibles qui les écoutent.

Une police sage et active ne doit point souf-
frir, dans les rues et places publiques, ces
prétendus devins, ces faiseurs d'horoscopes, ces
charlatans pronostiqueurs ; leurs instrumens ,
tables , tréteaux , ustensiles et costumes , doivent être confisqués.

La police ne doit point s'en tenir à réprimer
ceux de ces sortes d'escrocs qui osent paraître
en public ; elle doit encore rechercher et poursuivre ceux qui lui sont signalés dans les maisons
particulières. La mysticité que ceux-ci apportent
dans leurs étranges opérations, donne aux esprits
simples plus de vénération et de crédulité. Les
escroqueries sont d'ailleurs plus à redouter dans
les lieux cachés.

VIIIme et dernière CONTRAVENTION
de 3e. classe.

« Elle réprime les auteurs ou complices de bruits ou ta-
» pages injurieux ou nocturnes, troublant la tranquillité
» publique ».

Cette disposition est continuée du second paragraphe de l'article 19 de la loi de juillet 1791,
et du 8.me de l'article 605 du Code de brumaire.
Il y a cette différence cependant, entre ces lois
et le nouveau Code, que celui-ci présente des
dispositions moins étendues : car il ne punit
nommément que les auteurs ou complices de
bruits injurieux ou nocturnes ; tandis que les
lois précédentes dénommaient en outre les auteurs de rixes, d'attroupemens, de voies de fait,
et de violences légères.

Il me semble que, sans donner trop d'extension à la loi, on peut dire qu'elle a entendu par
bruits ou tapages injurieux, 1.º les rixes qui
auront lieu, de jour et de nuit, dans les rues
et places publiques : ces événemens, entre certaines classes du peuple, sont ordinairement très-
bruyans et injurieux ; ils inquiètent et troublent
la tranquillité des voisins ;

2.º Les réunions ou attroupemens qui, soit
de jour, soit de nuit, menacent ou insultent
les passans, ou portent atteinte au repos public, pourvu qu'il n'y ait pas sédition ;

3.º Les auteurs de certains concerts très-bi-
zarres, vulgairement appelés *Charivaris*.

Au surplus, j'examinerai dans le chapitre suivant, si les Juges de police ne peuvent pas encore
réprimer les voies de fait et les violences légères.

Ici se terminent les contraventions de 3.me
classe. Elles emportent, outre l'amende de 11 à
15 francs, la confiscation et l'emprisonnement
dans certains cas.

La confiscation a lieu pour les faux poids et les fausses mesures ; pour les poids et les mesures différens de ceux que la loi a établis, c'est-à-dire, les anciens poids et mesures supprimés, dont l'usage est encore si fréquent. Enfin, la confiscation est prononcée, comme je viens de le dire, pour les ustensiles et costumes des prétendus devins ou interprètes de songes.

L'emprisonnement a lieu, pendant cinq jours au plus, contre ceux qui auront occasionné la mort ou la blessure des animaux ou bestiaux appartenant à autrui, par la divagation des fous, furieux ou animaux malfaisans, par la rapidité ou la mauvaise direction, le chargement excessif des voitures, chevaux, bêtes de trait, etc. ;

Contre les possesseurs de faux poids et de fausses mesures ;

Contre ceux qui emploient des poids et mesures supprimés, ou autres, différens de ceux que la loi a autorisés ;

Contre les interprètes des songes et les devins ; enfin, contre les auteurs de bruits ou tapages injurieux ou nocturnes.

L'emprisonnement n'est point impérativement exigé par la loi, dans les cas de contravention de 3.me classe ; car elle n'emploie que des expressions facultatives. Ainsi le Juge déterminera, avec prudence, les cas où cette peine devra être appliquée : sa conscience ne sera point gênée ; elle pourra être déterminée par des circonstances plus ou moins graves, qui se présenteront dans les contraventions.

Mais la peine de prison doit toujours être prononcée dans le cas de récidive, pour toutes les contraventions de la 3.me classe : la loi l'a ainsi réglé, et la justice le veut de même. La durée de cette peine est également de cinq jours, dans la récidive comme pour un premier fait.

CHAPITRE IV.

CONTRAVENTIONS réglées par des Lois particulières.

L'ARTICLE 484 du Code pénal, contient cette disposition générale :

« Dans toutes les matières qui n'ont pas été réglées par le présent Code, et qui sont régies par des lois et des réglemens particuliers, les Cours et les Tribunaux continueront de les observer ».

Cet article fut présenté aux Législateurs dans des termes plus généraux ; il était ainsi conçu : « Dans tout ce qui n'est pas réglé par le présent Code, en matière de délits, crimes et contraventions, les Cours et Tribunaux continueront d'observer et de faire exécuter les dispositions des lois et réglemens actuellement en vigueur».

La Commission de législation civile et criminelle, du Corps législatif, fit rédiger l'article 484 tel qu'il est maintenant.

Ainsi, les réglemens administratifs, sur des faits locaux, non prévus par le Code, sont suffisans pour établir des contraventions de simple police, lorsqu'ils sont faits pour l'exécution des lois et non autrement : car il appartient au Législateur seul, de déterminer des contraventions et des peines ; ainsi les lois sur la police rurale, et sur quelques faits isolés, doivent encore être observées dans toutes les matières qui ne sont pas prévues par le nouveau Code.

Ainsi, les réglemens ou tarifs pour certaines denrées ou salaires ; ceux pour la propreté, nettoyage ou éclairage des rues ; et les lois et réglemens sur le port-d'armes, sont encore compris dans

dans l'article 484, comme matières non prévues par le Code. Tel fut l'avis du comte Réal, en proposant la loi.

Développer ces matières non réglées, c'est compléter le systême des contraventions : ce développement demande de la prudence et de l'exactitude ; car il ne suffit pas d'émettre une opinion, même réfléchie, il faut encore, par une comparaison exacte, s'assurer si la loi n'est point heurtée, ni l'opinion mise à la place de la loi ; il faut que cela seul qui n'est pas réglé par le Code, ou qui ne peut pas être appliqué à ses dispositions, trouve place dans la série des faits, régis par des lois et réglemens particuliers.

C'est avec cet égard respectueux, dû à la loi, que j'esquisserai cette sorte de complément.

Premier FAIT.

« Gens sans aveu, ou mal intentionnés ».

La loi de juillet 1791 avait établi trois classes de gens sans aveu ou suspects, et aucune d'elles, dans le cas de rixes, attroupemens séditieux, voies de fait et violences, ne pouvait être jugée par les Tribunaux de police, mais seulement par la Police correctionnelle.

Cette classification n'est point renouvelée par le nouveau Code ; mais je crois les trois classes réunies et comprises dans les articles 270 et 271, qui répriment les vagabonds de peines correctionnelles.

On doit en effet comprendre sous la dénomination de vagabonds, les gens sans aveu ou mal intentionnés. C'est un vagabond, que celui qui, étant en état de travailler, n'a ni métier, ni répondans, ni moyens de subsistance.

Depuis la loi de juillet, depuis même le Code

D

de brumaire, les Juges de police n'ont point réprimé le vagabondage et les gens sans aveu, dans le cas de rixes, tumultes, attroupemens, etc. ; il en doit encore être de même à présent.

Je dis plus : dans tous les cas posssibles aujourd'hui, les vagabonds, ou gens sans aveu, ne sont point justiciables des Tribunaux de police, puisque le seul fait d'être sans aveu, ou vagabond, est puni par le nouveau Code, de peines correctionnelles.

Deuxième Fait.

« Menaces verbales ».

Les menaces de nuire, de frapper, d'insulter, ont en général toujours été du domaine de la simple police.

Aucune disposition du nouveau Code ne place nommément les menaces verbales, soit dans la compétence correctionnelle, soit dans les attributions de police. Dès-lors ce sont des faits réglés par des lois particulières ; cependant, pour que ces faits soient punis par la police, il ne faut pas qu'ils se rattachent à la classe des injures prévues depuis l'article 367, jusques et y compris l'article 378, parce que ces injures sont punies correctionnellement.

Ainsi, toutes les autres menaces verbales, simplement injurieuses, doivent être punies comme la simple injure dite sans provocation. Ces menaces verbales ne doivent être, en effet, considérées que comme des injures elles-mêmes.

Mais il est d'autres menaces, qui ne sont pas de la compétence de simple police : ce sont celles d'assassinat, d'empoisonnement, d'incendie ; celles faites avec ordre ou condition par écrit, signé ou anonyme, et même verbalement. Ces sortes de menaces sont punies de la peine des travaux forcés à temps, lorsqu'elles ont été faites avec ordre ou condition, et par écrit; dans les cas contraires, elles sont réprimées par un emprisonnement gradué par les articles 306 et 307 du Code pénal.

Troisième FAIT.

« Voies de fait, et violences légères ».

Ces contraventions étaient établies dans les attributions de police, par l'article 19 de la loi de juillet 1791; le Code de brumaire an 4 les avait confirmées (*). Le nouveau Code ne prévoit pas nommément ces voies de fait et violences légères. La XI.me Contravention de 1.re classe, qui attribue aux Juges de police la connaissance des injures dites sans provocation, ne dit rien sur les violences légères. Il en est ainsi des articles 367 jusqu'à 378, qui classent les injures punies correctionnellement. Les seuls faits nommés *violences*, par le Code pénal, sont ceux prévus depuis l'article 222 jusqu'à l'article 233; et ces sortes de violences, relatives aux Magistrats, dans l'exercice de leurs fonctions, sont toutes punies de peines qui excèdent celles de simple police.

Malgré ce silence, je pense que l'on doit encore suivre les dispositions du Code de brumaire, à l'égard des violences légères, puisqu'elles ne sont pas réglées par le Code pénal, et qu'elles sont réglées par une loi particulière.

Cela est conforme à l'esprit de l'article 484, d'après lequel j'écris ce chapitre supplémentaire; et telle était l'opinion de la Commission de législation civile et criminelle du Corps législatif, dont le rapporteur s'est exprimé en ces termes:

« Les contraventions de police s'étendent à

(*) Huitième paragraphe de l'article 605.

» toutes les offenses contre les personnes ou
» contre les propriétés , qui ne sont pas assez
» graves pour autoriser des punitions , mais dont
» la répression importe au bon ordre et à la
» sécurité publique. Ainsi les coups comme les
» injures peuvent n'être , dans certains cas, que
» de simples contraventions ».

Il serait à desirer sans doute, que la Commission eût expliqué le cas où elle a entendu que les coups ne seraient que de simples contraventions ; mais en suivant à la lettre sa définition , on voit que si on peut réprimer, comme simple contravention , des coups portés, il faut nécessairement qu'ils soient très-légers , sinon le fait devient correctionnel.

C'est ainsi d'ailleurs que doit être entendu le huitième paragraphe de l'article 475 , qui attribue aux Juges de police la connaissance du jet volontaire de corps durs sur quelqu'un. Ce jet est assurément une manière de frapper et de porter des coups.

Je conviens qu'il est assez difficile de saisir la nuance qui rendra plutôt telle violence ou voie de fait de la compétence de police , que de la compétence correctionnelle. Il existe tant de sortes de violences et de voies de fait , qu'une règle générale , pour toutes , pourrait être imparfaite. Une seule circonstance peut changer la nature de la violence ; un seul fait peut l'aggraver : par exemple , une menace grave , avec gestes ou coups lancés, est sans doute une violence ; mais si le coup est porté , le fait est correctionnel. Celui qui repousse un autre , par malice ou colère ; celui qui saisit un individu au collet, en le menaçant de le terrasser ; celui qui dechire l'habit d'un autre , ou simplement le découvre , en renversant sa coiffure : ceux-là sans doute commettent des violences ; mais si l'un ou l'autre fait est suivi de coups de poings ou de pieds, ou de soufflets, alors il me semble qu'il devient correctionnel.

Quatrième FAIT.

« Vente de Comestibles gâtés ».

Plusieurs lois anciennes, divers réglemens locaux, les lois de juillet (*) et le Code de brumaire (**) ont toujours puni des peines de police, ceux qui exposent en vente des comestibles gâtés, corrompus ou nuisibles. Le Code nouveau ne contient aucune disposition sur ce point. Ce silence, sur un objet qui tient d'aussi près à l'intérêt public, ne peut pas être regardé comme un empêchement à poursuivre la cupidité de ceux qui, pour un gain odieux, oseraient trafiquer de la santé et de l'existence des particuliers.

On doit au contraire regarder comme un fait positif, que cette exposition de comestibles, gâtés ou nuisibles, reste constamment réglée par les lois particulières que le nouveau Code confirme expressément par son dernier article.

Il n'est peut-être point de contravention qu'il importe plus à réprimer que celle-ci. Un Commissaire de police, un Maire, un Adjoint, acquièrent des droits sacrés à la reconnaissance publique, lorsque, par une sollicitude bienfaisante, ils s'assurent que tous les comestibles exposés en vente sont salubres.

Cinquième FAIT.

« Vente de Pains et Viandes au-dessus de la taxe ».

Ces deux premiers comestibles ont assez généralement été assujettis à la taxe de l'autorité,

---

(*) Article 20.
(**) Article 605, 6me. paragraphe.

depuis un grand nombre d'années. Si le Code pénal n'établit pas une disposition qui prononce une peine contre le contrevenant à cette taxe, il n'a point aussi supprimé aucunement l'ordre établi sur ce point; l'intérêt public le commande toujours.

C'est une sage mesure d'ordre public, que celle d'empêcher le consommateur d'être vexé par l'avidité d'un boucher ou d'un boulanger, qui, imprudent dans ses calculs, ou immodéré dans ses desirs, profiterait de l'impérieuse nécessité du consommateur, pour exiger des prix excessifs. La sûreté de ces marchands pourrait même être compromise : l'expérience l'a trop prouvé.

Il est donc aussi juste que nécessaire de placer cette contravention dans la ligne de celles qui sont conservées comme régies par des lois ou des réglemens particuliers. Tel a été l'avis du comte Réal, en proposant la loi.

Sixième Fait.

« Dégradations des Voies publiques ».

On a précédemment vu que le nouveau Code réprime ceux qui embarrassent la voie publique, ou qui causent des accidens par l'encombrement ou l'excavation de cette même voie publique, sans les précautions ou signaux d'usage (*). Mais il n'existe, dans ce Code, aucune disposition particulière contre ceux qui dégradent les routes, chemins et voies publiques.

La loi de septembre 1791 a prévu ce dernier cas (**) : elle a statué que les gazons, terres ou pierres des chemins publics, ne pourront être

---

(*) Deuxième paragraphe des articles 471 et 479.
(**) Article 44 du titre II.

enlevés, en aucun cas, sans l'autorisation administrative ; et que celui qui commettrait ce délit, serait, en outre de la réparation du dommage, condamné, suivant les circonstances, à une amende qui ne pourrait être moindre de trois livres.

Je pense que cette disposition doit avoir toujours sa force, puisqu'elle a réglé un fait non prévu par le Code. On sait d'ailleurs qu'il est indispensable de réprimer les entreprises sur les routes et chemins publics : autrement, si chacun demeurait libre d'empiéter sur les voies publiques, et d'en enlever les terres, pierres et gazons, la circulation serait bientôt paralysée ; et ces belles routes, ornement particulier du sol français, ne présenteraient plus que des cloaques dangereux.

Je pense aussi que, sur ce point, les Juges de police doivent savoir judicieusement laisser aux autorités administratives, la connaissance des matières de grandes voiries, qui leur est personnellement attribuée.

Septième Fait.

« Police des Voitures de roulage ».

La loi du 7 ventôse an 12 a déterminé la largeur des jantes des roues de voitures attelées de plus d'un cheval.

Le décret impérial, du 23 juin 1806, a établi une police sur ces objets, et autres qui y sont analogues. Par l'article 38, ce décret a statué que les contestations qui pourront s'élever sur son exécution, seront portées devant le Maire de la commune, et par lui jugées sommairement et sans frais. Les décisions du Maire seront exécutées provisoirement, sauf le recours au Conseil de préfecture.

Cette police est donc toute administrative.

Huitième F*ait*.

P o r t - d ' A r m e s.

Trois distinctions doivent être faites , relativement au port-d'armes.

1re. Il existe plusieurs réglemens administratifs, qui déterminent l'obtention du port-d'armes, sa durée , ses conditions , le désarmement des contrevenans , et quelques dispositions pénales.

Les Juges ne peuvent jamais s'immiscer dans les mesures administratives ; il leur est défendu d'en entraver l'exécution. Les lois des 24 août 1790 , et 16 fructidor an 3, contiennent des dispositions formelles sur ce point ; mais les Juges ne peuvent pas aussi connaître des faits qui ne seraient placés dans leur compétence que par des actes administratifs. Ils ne peuvent infliger une peine que lorsque la loi l'a prononcée ; ils ne peuvent enfin reconnaître *délit* ou *contravention* , que les choses déclarées telles par les lois.

Ces principes ont été consacrés par trois arrêts de la Cour suprême , des 4 et 25 mai , et 3 août 1810 , qui ont cassé plusieurs jugemens de police , contraires à ces mêmes principes.

Cependant, il faut le dire, les Tribunaux sont tenus de seconder l'exécution des actes administratifs , par tous les moyens qui rentrent dans le cercle de leur autorité ; mais cette autorité se borne à appliquer la loi et les décrets impériaux ; et là où ils se taisent , là les Juges sont sans pouvoir. Ce dernier principe est aussi proclamé par l'arrêt du 25 mai , déjà cité.

2e. La déclaration du 23 mars 1728 , a prohibé entièrement et sans restriction , le port-d'armes cachées, telles que poignards , épées en bâtons , stylets , etc. Le décret impérial, du 12 mars 1806, a renouvelé ces dispositions, et les a étendues ; mais la répression du port de ces sortes d'armes appartient uniquement aux Tribunaux correctionnels , d'après les peines qui sont déterminées par la loi.

3e. Le port-d'armes de chasse , ou d'autres armes non cachées , paraît placé maintenant comme jadis , dans la compétence de simple police. Les lois des 24 août 1790, 9 juillet 1791, et 3 brumaire an 4 , n'ont rien statué sur ce fait ; mais elles n'ont point abrogé la déclaration du 14 juillet 1716 , qui a défendu le port-d'armes de chasse et autres , sous peine de dix francs d'amende , et de cinquante francs pour la récidive, outre un mois de prison et la confiscation.

Dès que cette déclaration n'est point abrogée , et dès que le nouveau Code pénal renvoie les faits qu'il n'a pas prévus, aux lois particulières qui les ont réglés , il est convenable d'appliquer la peine de dix francs d'amende , au fait simple du port-d'armes sans permission(*). Mais les Juges de police ne pourront connaître de la récidive.

Neuvième FAIT.

« Bestiaux laissés à l'abandon.
» 10e. Bestiaux gardés à vue , sur le terrain d'autrui.
» 11e. Saisie et vente de Bestiaux pris en dégât.
» 12e. Temps du parcours des Bestiaux.
» 13e. *et dernier Fait*.-- Maraudage ».

Je dois parler d'une manière succinte et générale, de ces cinq articles , qui nécessairement

---

(*) Plusieurs arrêtés , notamment un de M. le Préfet de ce Département, du 10 décembre 1807 , ont accordé des gratifications aux Gendarmes impériaux , et aux Gardes-champêtres , pour chaque jugement rendu par les Tribunaux, portant condamnations pour faits de ports-d'armes et de chasse , d'après des procès-verbaux dressés par les Gendarmes ou les Gardes.

trouveront place dans un Code rural prochainement attendu. Aussi, les observations que je vais faire ne doivent être suivies que provisoirement.

1.° Le fait de laisser des bestiaux à l'abandon n'est point nommément prévu par le Code pénal, quoiqu'il se rapproche beaucoup du fait de laisser passer ou de faire passer des bestiaux sur le terrain d'autrui.

Les dégâts faits par les bestiaux laissés à l'abandon, doivent être payés par les personnes qui ont la jouissance des bestiaux, et en cas d'insolvabilité, par les propriétaires (*).

La peine qui, avant le nouveau Code, était infligée pour pareil fait, était celle de l'amende de trois journées de travail (**). Je suis d'avis qu'il y a lieu d'appliquer maintenant la peine de la première Contravention de 3.me classe ; car ceux qui laissent leurs bestiaux à l'abandon, ont certes la volonté de les laisser paître sur le terrain d'autrui, et dès-lors ils sont coupables d'un dommage volontaire aux propriétés mobilières d'autrui.

2.° Le fait de garder à vue des bestiaux sur le terrain d'autrui, était jadis puni d'une amende égale à la valeur du dédommagement dû au propriétaire (***). Ce fait n'est point nommément compris dans le nouveau Code, mais il paraît l'embrasser dans son esprit. D'une part, il défend le simple passage de bestiaux sur les terrains ensemencés ; d'un autre côté, il réprime toutes actions volontaires quelconques qui auront produit du dommage aux propriétés mobilières d'autrui. Celui qui fait garder ses bestiaux sur

(*) Article 12 du titre II de la loi du 28 septembre 1791.
(**) Article 605 du Code de brumaire, 4e. paragraphe.
(***) Loi du 22 septembre 1791, titre II, article 24.

un terrain qui ne lui appartient pas, commet
assurément une action volontaire, nuisible à
un tiers : il est donc punissable de l'amende de
3.me classe.

Cependant, le Juge de police doit distinguer
si, dans les faits relatifs aux bestiaux gardés à
vue, il y a eu pillage, réunion, force ouverte;
s'il y a eu dévastation de récoltes sur pied, s'il
a été coupé des grains et fourrages, soit en vert,
soit en sec. Dans ces différens cas, le Juge de
paix cesse d'être compétent.

Avant le nouveau Code, la répression de ceux
qui gardaient ou faisaient garder à vue leurs
bestiaux sur les propriétés d'autrui, appartenait
à la police correctionnelle, parce que la valeur
du dommage fixait la valeur de l'amende. Rarement la valeur de ce dommage était connue
avant le jugement ; dans cette incertitude, le
Juge correctionnel avait seul droit de prononcer.
Mais cette incertitude ne peut exister maintenant, parce que le fait est caractérisé *action
volontaire*, nuisible aux propriétés mobilières,
et comme tel placé dans la compétence des Juges
de police ; parce qu'encore l'incertitude peut
cesser, dès le moment du dommage, par l'estimation préalable que le Juge de paix peut faire
ou faire faire, avant même toute action.

3.° Les saisies de bestiaux, pris en dégât, se
sont opérées diversement. Une ancienne loi permettait au propriétaire lésé, de saisir les bestiaux trouvés sur ses propriétés. Elle lui accordait le droit d'en être cru à son serment, sur le
fait du dommage et de la saisie. Cette dernière
disposition n'a point été renouvelée depuis la
révolution, seulement la loi de septembre 1791
a statué que le propriétaire lésé aura le droit de
saisir les bestiaux, sous l'obligation de les faire
conduire, dans les 24 heures, au dépôt désigné
par la municipalité.

Ni le Code pénal, ni celui d'instruction, n'ont rien prescrit sur les aisies de bestiaux trouvés en dommages. C'est donc encore le cas de faire l'application du dernier article du Code pénal, en regardant le droit de saisir les bestiaux, conservé et réglé par la loi particulière qui l'a prévu.

Il en est de même de la vente des bestiaux qui ne sont point réclamés après la saisie. Cette vente doit être faite pour satisfaire à l'indemnité due pour le dommage. La même loi de septembre 1791 a fixé à huit jours, le délai pour réclamer les bestiaux saisis, après lequel elle permet d'en faire la vente.

4.° Le temps avant lequel les pâtres et bergers, dans les pays de parcours, ne peuvent mener les troupeaux d'aucune espèce dans les champs moissonnés et ouverts, est fixé à deux jours, après l'enlèvement des récoltes, par la même loi de septembre 1791. L'amende, contre les contrevenans, est d'une journée de travail.

Cette défense n'est point renouvelée par le Code pénal ; mais elle doit subsister encore comme un fait réglé par une loi spéciale.

5.° Le maraudage est susceptible des mêmes observations ; s'il n'est pas nommément désigné par le Code, il se trouve régi par une loi particulière. Je crois d'ailleurs qu'il se rattache fortement aux dispositions générales de la première Contravention de 3.me classe ; car le maraudage n'est uniquement qu'une action volontaire, nuisible aux propriétés mobilières d'autrui. Il doit donc être puni de l'amende de 11 à 15 fr.

Pour que cette peine puisse être appliquée au maraudage, il faut que le fait soit simple, et sans aucunes circonstances aggravantes, telles que pillage, réunion, force ouverte, etc. Dans ces derniers cas, il serait essentiellement de la compétence correctionnelle.

CHAPITRE V.

Des personnes responsables.

La responsabilité de ces personnes ne laissait pas que d'être étendue autrefois. Non seulement les pères et mères répondaient civilement pour leurs enfans mineurs, les maîtres pour leurs domestiques; mais encore les tuteurs répondaient pour leurs pupilles, les instituteurs pour leurs élèves, les artisans pour leurs ouvriers. J'ai toujours regardé cette responsabilité comme une exception au droit commun, et comme une rigueur qu'il était toujours desirable de restreindre. En effet chacun doit, en thèse générale, répondre du dommage qu'il a causé, par des faits volontaires ou accidentels, par négligence ou par imprudence.

On a cependant dû ne pas laisser entièrement sans responsabilité, les pères, mères, maîtres, tuteurs, etc.; mais elle aurait dû être toujours bornée à la possibilité que les personnes responsables auraient eue d'empêcher le fait.

La loi de juillet 1791 laissait une lacune absolue sur cette responsabilité, ce qui fut senti dès la loi de septembre. Celle-ci n'établit pourtant des personnes responsables, qu'en matière de *délits ruraux* (*). Elle donna une extension assez forte à cette responsabilité, puisqu'elle y assujettit jusqu'aux maîtres et entrepreneurs de toute espèce, sans établir même aucune exception ni restriction.

(*) Article 7 du titre II de la loi du 22 septembre.

Le Code de brumaire, dans les faits de police qu'il a prévus, n'établit point de personnes responsables; les deux seuls titres qui concernent dans ce Code, la Justice de police, ne disent absolument rien sur ce point (*).

Le nouveau Code pénal (articles 73 et 74) établit des personnes responsables. D'abord ce sont les aubergistes et hôtelliers, convaincus d'avoir logé plus de 24 heures, des personnes qui, pendant leur séjour, auraient commis un crime ou délit, qui sont responsables des indemnités, restitutions et frais, faute par eux d'avoir inscrit sur leurs registres, le nom, la profession et le domicile du coupable.

Dans les autres cas de responsabilité civile, qui pourront se présenter dans les affaires de police, les Juges doivent se conformer aux dispositions du Code napoléon (liv. 3, tit. 4, chap. 2), auxquelles le Code pénal renvoie ces circonstances.

Ces dispositions sont conçues en ces termes : article 1384 « On est responsable non seulement
» du dommage que l'on cause par son propre
» fait, mais encore de celui qui est causé par le
» fait des personnes dont on doit répondre, ou
» des choses que l'on a sous sa garde.
» Le père ou la mère, après le décès du mari,
» sont responsables du dommage causé par leurs
» enfans mineurs, habitant avec eux.
» Les maîtres et les commettans, du dommage
» causé par leurs domestiques et préposés, dans
» les fonctions auxquelles ils les ont employés».
» Les instituteurs et les artisans, du dommage
» causé par leurs élèves ou apprentis, pendant
» le temps qu'ils sont sous leur surveillance.
» La responsabilité ci-dessus a lieu, à moins
» que les pères et mères, instituteurs et arti-

(*) Art. 1er., liv. II, et tit. 1er. du liv. III.

» sans, ne prouvent qu'ils n'ont pu empêcher
» le fait qui donne lieu à cette responsabilité ».

On voit que des termes trop généraux ne sont
point placés dans cette disposition. Les faits de
la responsabilité y sont précisés clairement; un
moyen simple et équitable est offert aux personnes responsables, pour leur justification.

Ainsi, le père ou la mère n'est plus responsable pour son fils mineur, dès qu'il n'habite
plus avec lui.

Ainsi, les maîtres et les commettans ne ré-
pondent plus pour leurs domestiques et préposés,
quand ils sont hors des fonctions ou des travaux
qui leurs sont confiés par leurs maîtres.

Ainsi, les instituteurs et les artisans ne sont
plus responsables pour leurs élèves ou apprentis,
dès que ceux-ci ne sont plus sous leur surveillance.

On peut demander comment la loi a entendu
que les élèves ou apprentis cessent d'être sous
la surveillance des instituteurs et des artisans.
Je pense que l'élève qui est externe n'est aucunement sous la surveillance de l'instituteur, dès
qu'il est sorti de la classe ; que l'élève pension-
naire, au contraire, est constamment sous la
surveillance de l'instituteur, même pendant les
momens de récréation ; qu'enfin l'apprenti cesse
d'être sous la surveillance de l'artisan, dès qu'il
n'est plus dans l'atelier, ou qu'il n'est pas exté-
rieurement employé par l'artisan.

CHAPITRE VI.

De la Prescription.

En général, les faits de simple police se prescrivaient par trente jours. On présumait, avec quelque raison, qu'après un pareil intervalle, la partie lésée faisait remise de son indemnité. Mais une pareille présomption n'était point naturelle envers la partie publique, qui, le plus souvent, pouvait ignorer le délit pendant trente jours et au-delà.

Ainsi, le délinquant en matière de simple police, qui n'était poursuivi que le 31.me jour, pouvait avec succès opposer, pour toute défense, la prescription : les Juges étaient obligés alors de rejetter l'action, comme périe et prescrite, sans examiner le fond. Un arrêté du Conseil d'état, approuvé par Sa Majesté, avait étendu plus loin cette jurisprudence, en décidant que le Juge devait, d'office, appliquer la prescription, lorsqu'elle n'était pas invoquée par les parties.

Cette jurisprudence est changée aujourd'hui ; le nouveau Code d'instruction criminelle contient des dispositions différentes : trois sortes de prescriptions y sont établies en matière de police.

1re. L'article 640 porte : « que l'action publique et l'action civile, pour une contravention de police, seront prescrites après une année révolue, à compter du jour où elle aura été commise, même lorsqu'il y aura eu procès-verbal, saisie, instruction, ou poursuite, si, dans cet intervalle, il n'est point intervenu de condamnation. S'il y a eu jugement définitif de première instance, de nature

à

» à être attaqué par la voie de l'appel, l'action
» publique et l'action civile se prescriront après
» une année révolue, à compter de la notifica-
» tion de l'appel qui en aura été interjetté ».

La première réflexion que présente cet article, c'est qu'il établit une parité entière entre
l'action civile et l'action publique, pour la
prescription ; la seconde, qu'une plus grande
latitude est donnée au ministère public, pour
la poursuite des contraventions, ce qui est desirable sous plus d'un rapport. Le court délai de
trente jours, établi précédemment pour la prescription des délits de police, était fréquemment
insuffisant, pour que la partie publique fût instruite des faits, d'autant mieux qu'on cherche
communément à les couvrir du voile de l'obscu-
rité. Mais pendant le délai d'une année, il sera
difficile que la contravention échappe à l'œil
attentif de l'officier chargé de l'action publique.

DEUXIÈME PRESCRIPTION.— Elle fixe le temps
par lequel se prescrivent les peines prononcées
par arrêts ou jugemens pour des contraventions
de police. Ce délai est de deux années révolues;
la prescription court, savoir : pour les peines
infligées par arrêt, ou par jugement en dernier
ressort, à compter du jour de l'arrêt ou du jugement ; et à l'égard des peines prononcées par
les jugemens rendus en première instance, la
prescription commence du jour où le jugement
ne peut être attaqué par la voie de l'appel (art.
639 du Code d'instruction).

Ainsi, le condamné à des peines de simple
police, après une prescription de deux ans, ne
peut plus être inquiété ou recherché. Celui qui
serait condamné par défaut jouit de la même
faveur, lorsque la prescription s'est opérée légalement, comme je viens de l'expliquer. Et il
n'est seulement pas nécessaire que le défaillant

E

se présente pour purger le défaut, car la loi défend de l'y admettre (art. 641 du même Code).

3.º Enfin la dernière prescription, dans les matières de police, est celle qui peut être opposée à des condamnations civiles, portées par des arrêts ou jugemens devenus irrévocables. Celle-ci s'acquiert et s'établit d'après les régles prescrites par le Code napoléon.

Cependant, ces trois sortes de prescriptions ne dérogent point « aux lois particulières qui » ont établi quelques prescriptions pour les ac- » tions qui résultent de certains délits ou de » certaines contraventions » (art. 643 du Code d'instruction).

CHAPITRE VII.

Compétence particulière des Juges de paix, en matière de Police.

Les Juges de paix ont, en ces matières, des attributions spéciales et exclusives, dont les Maires ne peuvent jamais connaître. Ils en ont aussi qui sont communes aux Maires. Il est nécessaire de détailler les unes et les autres; la ligne de démarcation de ces attributions doit être fortement tracée ; tout doute doit être éclairci : l'exécution de la loi et l'harmonie des pouvoirs en dépendent.

1.º Les Juges de paix connaissent exclusivement de toutes contraventions commises dans les communes chef - lieux de cantons. La loi ne donne aucune jurisdiction aux Maires de ces communes : de là naît cette conséquence, que

le Législateur a particulièrement voulu rappro-
cher les justiciables de leurs Juges. La loi a sagement fait : elle évite des frais de déplacement
au plaideur éloigné du Juge de paix, et la perte
d'un temps précieux aux cultivateurs ;

2.º Toutes contraventions commises dans les
communes non chef-lieux de cantons, par des
individus qui n'y sont pas présens ou domiciliés,
sont exclusivement réprimées par les Juges de
paix. Il faut cependant en excepter le cas du
flagrant délit, suivant l'article 139 du Code
d'instruction, 2e. paragraphe.

3.º Les Juges de paix connaîtront encore seuls
de toutes contraventions, lorsque les témoins
qui doivent déposer ne sont pas résidans ou présens dans la même commune que le contrevenant. La loi ne permet pas aux Maires d'appeler
devant eux, des témoins qui ne sont pas habitans
ou présens dans leurs communes ;

4.º Toutes contraventions en général seront
encore exclusivement jugées par les Juges de
paix, dès que la partie lésée concluera soit à une
somme excédant quinze francs pour ses dommages-intérêts, soit à une somme indéterminée.

Ainsi, lorsque le demandeur réclame des
dommages - intérêts suivant une estimation à
faire, et dont la valeur ne peut pas être connue
d'avance, le Juge de paix est dès-lors seul compétent ;

5.º Ce Juge est de même seul compétent de
connaître des contraventions forestières, poursuivies à la requête des particuliers, et non à la
requête du ministère public ou de l'administra-
tion forestière : en ces derniers cas, c'est aux
Juges correctionnels d'en connaître.

Les faits dont les Juges de paix connaissent en
ces matières, se réduisent principalement à ceux
prévus par la X.me Contravention de 2e. class.

Ces faits sont, comme je l'ai déjà dit, de laisser passer ou vaguer, ou de faire passer et vaguer des bestiaux de toute espèce, dans les bois-taillis appartenant à autrui, dans quelque saison que ce soit. Tout autre dégât dans les bois est réprimé correctionnellement, lorsque les faits se rattachent à ceux prévus par les articles 434, 445, 446, 447, 448, 456 et 458 du Code pénal.

Le Code d'instruction a paru donner une plus grande latitude aux Juges de paix, sur les contraventions forestières. L'article 139 dit expressément que les Juges de paix connaissent des contraventions forestières, poursuivies par les particuliers. Ces expressions auraient pu être entendues d'une manière plus générale que celle que je viens d'expliquer ; mais le Code pénal, postérieur de près de deux ans, a établi plusieurs exceptions : il faut nécessairement s'y conformer ;

6.º Les injures verbales, autres que celles exceptées depuis l'article 367, jusques et y compris l'article 378 du Code pénal, ne peuvent être réprimées que par les Juges de paix.

Peut-être eût-il été à desirer que les Maires, dès qu'ils sont institués juges de police, eussent connu de ces rixes injurieuses, de ces propos outrageans et bruyans, qui, dans les campagnes, se renouvellent si souvent. Les Maires, placés sur le lieu de ces scènes fâcheuses, auraient pu y remédier par une justice prompte et immédiate ; mais la loi s'y oppose : elle interdit aux Maires la connaissance de tous faits injurieux; il faut la respecter et obéir ;

7.º Les Juges de paix connaîtront aussi exclusivement de certains faits relatifs aux affiches, annonces, ventes, distributions ou débits d'ouvrages contraires aux bonnes mœurs.

Cette attribution est limitée par les articles

283, 284, 287 et 288 du Code pénal , qui ne laissent aux Juges de paix que la répression des crieurs , afficheurs et distributeurs qui auront fait connaître l'imprimeur ou le graveur , et de même la punition des imprimeurs ou graveurs qui auront fait connaître l'auteur.

A ces faits seuls doit se borner la compétence des Juges de paix , en matière d'ouvrages obscènes ou immoraux ;

8.º Enfin , ces mêmes Juges doivent connaître exclusivement de l'action contre les gens qui font le métier de deviner , de pronostiquer ou d'expliquer les songes.

On doit placer sur cette ligne exclusive , une partie des contraventions établies dans le chapitre précédent , qui sont réglées par des lois et des réglemens particuliers , qui en ont attribué positivement la connaissance aux Juges de paix. Les Maires ne peuvent connaître que des seuls faits qui leur sont nommément attribués par les lois.

Ainsi , les menaces verbales , les violences légères , les faits sur le port-d'armes , l'exposition de comestibles gâtés , la vente au-dessus de la taxe , des pains et viandes , et tous autres faits qui dépendent de ceux qui sont nommément ou exclusivement attribués aux Juges de paix , doivent continuer d'être décidés par eux seuls. Tel est l'esprit des nouveaux Codes , comme celui des lois particulières auxquelles il n'est pas dérogé.

Je pense qu'il faut encore placer sur cette ligne exclusive , le cas où la partie lésée demande , avant l'audience , que l'estimation d'un dommage soit faite. Car cette estimation n'appartient qu'au Juge de paix seul , comme je l'établirai dans l'un des chapitres suivans.

Or , si le Juge de paix peut seul estimer , il

est évident que, dès cette estimation, il est saisi de la contravention ; il exerce dès-lors sa concurrence sur le Maire, qui ne peut plus juger.

Quant aux autres contraventions (non exceptées) elles sont aussi réprimées par les Juges de paix, mais concurremment avec les Maires. C'est-à-dire que si l'une des parties, ou le Commissaire de police, a d'abord porté sa plainte devant le Juge de paix, le Maire ne peut plus en connaître, soit sur la poursuite de l'autre partie, soit sur celle de son adjoint. Autrement il y aurait double litispendance, et peut-être conflit ; autrement la contravention serait jugée deux fois, et peut-être de deux manières différentes. On sent quelle confusion entraînerait cette double procédure.

Cet inconvénient peut s'éviter facilement : les Maires, en recevant une plainte de leur compétence, pourront d'abord s'assurer si le Juge de paix n'est pas déjà saisi de l'objet. Les Juges de paix pourront en agir de même, dans les contraventions sujettes à la concurrence des Maires ; dès-lors la double procédure n'est plus à craindre.

Mais il peut arriver que l'une des parties, pour éluder le jugement de la cause, excepte faussement d'avoir saisi le Juge de paix ou le Maire ; alors celui devant qui on fait cette exception, doit exiger que la preuve en soit rapportée par une attestation du Juge que l'on allègue être le premier saisi ; et pour cela il continue la cause à l'audience suivante.

CHAPITRE VIII.

*Compétence des Maires , comme Juges
de police.*

CETTE compétence a pu paraître d'abord incons-
titutionnelle , parce qu'elle cumule certain pouvoir judiciaire avec le pouvoir administratif, qui
ont été constamment séparés et indépendans.

Ce n'est cependant point la première fois
qu'une juridiction de police a été confiée aux
Magistrats administratifs. Avant la révolution ,
des Échevins , des Capitouls , des Jurats , exer-
çaient certaine justice de police. L'assemblée
constituante , où brillaient tant de lumières , et
d'où sont sorties tant de sages lois , avait encore
investi les municipalités d'une justice de police.

Le rapporteur de la Commission de législation
civile et criminelle du Corps législatif , en proposant le nouveau Code d'instruction , déclara
que si la compétence cédée aux Maires avait
quelques inconvéniens , ils étaient plus que
balancés par la proximité et la vigilance qui se
rencontraient dans la justice du Maire.

Il fit observer que la compétence accordée aux
Maires était fortement réduite, comparativement
à celle accordée aux Juges de paix , dans les matières de police, ce qui en écartait encore d'autant les inconvéniens. Il établit d'ailleurs positivement que cette compétence , ainsi réduite ,
n'était accordée aux Maires que sous deux conditions impérieuses : celle du domicile ou de la
résidence des parties et des témoins ; celle de la
concurrence des Juges de paix.

Enfin, ajouta-t-il, la Commission a pensé que les parties seront toujours libres de saisir les Juges de paix de leurs plaintes, par préférence aux Maires, dans toutes contraventions quelconques.

C'est dans le même esprit que le Conseiller d'état, Treilhard, au nom du Gouvernement, proposa de déléguer aux Maires la connaissance de quelques contraventions.

C'est aussi d'après ces principes que je dois parler de la compétence des Maires.

J'ai établi au précédent chapitre, quelles sont les matières dont la connaissance est expressément interdite aux Maires ; c'est déjà avoir fait pressentir, en partie, quels sont les faits dont ils peuvent juger.

1.º Lorsque le contrevenant est trouvé en flagrant délit, le Maire connaît des contraventions qui lui sont attribuées concurremment avec les Juges de paix, entre domiciliés ou non domiciliés, présens ou non présens dans sa commune, parce qu'il est juge du lieu où la contravention a été commise (article 166 du Code d'instruction);

2.º Le Maire connaît aussi, concurremment avec les Juges de paix, des contraventions qui sont commises par des personnes résidantes ou présentes dans sa commune. Pour cela il faut nécessairement que les témoins qui doivent déposer du fait soient aussi résidans dans la même commune, et encore que les contraventions ne soient pas du nombre de celles attribuées aux Juges de paix exclusivement ; autrement le Maire n'est plus juge de la contravention (même article 166, *idem*);

3.º Le Maire connaît enfin de toutes contraventions qui ne lui sont pas prohibées, lorsque la partie plaignante concluera seulement à une

somme de quinze francs ou au-dessous , pour
ses dommages-intérêts, toujours concurremment
avec les Juges de paix ; mais si ces dommages
sont réclamés par une somme indéterminée, ou
par une estimation qui n'est pas faite , alors le
Maire ne peut plus en connaître ; il n'a pas
même le droit de faire cette estimation.

C'est uniquement à ces trois points que se
borne la compétence des Maires, en matière de
police. Ils ne peuvent , sous aucun prétexte ,
connaître des faits exclusivement réservés aux
Juges de paix.

Ils ne peuvent pas également connaître des
matières purement civiles, attribuées aux mêmes
Juges ; mais il est bien libre aux Maires d'employer une louable médiation dans les différends
civils qui surviennent entre leurs administrés ,
lorsque ceux-ci les en invitent. Cependant , ils
ne doivent le faire que verbalement , sans pouvoir en dresser procès-verbal ni les juger. Ils ne
doivent pas plus faire les actes qui sont du ministère des Officiers ministériels , tels que des
inventaires et ventes.

Cependant, autant les procédés conciliateurs
des Maires seront louables , en matière civile ,
autant ils seraient blâmables en matière de délits et de contraventions.

Tout délit , toute contravention , porte atteinte à l'ordre social ; dès-lors il y a nécessairement lieu à une action publique. S'il est permis
à la partie lésée de transiger sur ses droits civils , cette transaction ne peut jamais arrêter le
cours de l'action publique , qui est exercée au
nom du Souverain. En réglant conciliatoirement
un délit ou une contravention , tout Juge ou
Maire commet un abus de pouvoir ; il s'arroge
la suprême prérogative de faire grâce ; et par
une fausse pitié, il enhardit le délinquant, qui

abuse de l'impunité ; enfin , il prive l'état des amendes encourues.

Le Code d'instruction criminelle prescrit aux Maires et à leurs Adjoints, dans les matières de police , des soins bien différens de ceux de la conciliation. Une surveillance active leur est prescrite, tant dans le petit nombre de contraventions dont ils connaissent , que dans toutes les autres. Les Maires des communes où il n'y a point de Commissaire de police , et au défaut des Maires , les Adjoints sont chargés de rechercher toutes les contraventions de police, même celles qui sont sous la surveillance spéciale des Gardes-champêtres ou forestiers : la loi leur accorde prévention sur ces gardes.

Cette disposition doit calmer les justes plaintes des propriétaires ruraux, qui , vexés par des dégâts fréquens , n'obtiennent souvent aucune indemnité, parce que les coupables ne sont pas signalés.

Quelques bruits tendent à faire soupçonner certains Gardes-champêtres de vendre honteusement leur silence aux délinquans ; c'est de quoi je n'entends cependant point les accuser. Ce qu'il y a de certain, c'est que le nombre des procès-verbaux de ces Agens est infiniment petit, comparativement aux nombreux dommages dont les propriétaires se plaignent. Je parle principalement de l'arrondissement de la Rochelle , où il est des Gardes qui , depuis plusieurs années, ne pourraient citer dix procès-verbaux rendus par eux.

Il est au pouvoir des Maires de faire disparaître cette inertie , en exerçant quelquefois la prévention qui leur est si justement accordée sur les Gardes-champêtres.

Outre le droit de prévention, les Maires sont chargés de recevoir tous rapports, dénonciations et plaintes, qui sont relatifs aux contraventions de police. Ainsi, toute partie lésée peut de suite faire sa dénonciation, son rapport ou sa plainte au Maire ou à l'Adjoint délégué ; l'un ou l'autre en fait les suites nécessaires.

Dans les procès-verbaux, plaintes, rapports et dénonciations qui seront reçus par les Maires, ils devront consigner la nature et les circonstances des contraventions, le temps et le lieu où elles auront été commises, les confrontations du local, les preuves ou indices à la charge des prévenus.

Ces actes ainsi rédigés, les Maires devront les remettre, dans les trois jours, à l'Officier par qui sera rempli le ministère public près le Tribunal de police du chef-lieu du canton. Ils devront de même lui remettre toutes les pièces et renseignemens qu'ils se seront procurés (*).

Je terminerai ce chapitre en présentant à MM. les Maires, quelques principes qui pourront les aider dans leurs jugemens.

Comment doit être convaincu le prévenu de contravention ? par des procès-verbaux ou rapports, par des preuves testimoniales à défaut de procès-verbaux (article 154 du Code d'instruction).

S'il y a un procès-verbal, il faut qu'il établisse clairement la culpabilité du prévenu, par les faits ou les circonstances, de même que par l'identité des personnes. Car si un procès-verbal ne désignait pas clairement un prévenu, s'il n'établissait pas évidemment la contravention, le Maire peut ordonner que la preuve sera complétée par témoins, ou même renvoyer le prévenu absous, s'il y a lieu.

(*) Article XV du Code d'instruction criminelle.

Lorsque la contravention, à défaut de procès-verbaux, doit être justifiée par des témoins, le Maire peut juger *secundùm allegata et probata*. Il doit examiner si les faits portés par la plainte sont les mêmes que ceux dont les témoins déposent, et si une preuve suffisante résulte des dépositions. Il faut d'ailleurs que les témoins déposent affirmativement du fait, et non *de auditu*, par des rapports d'autres personnes.

Si le prévenu confesse la contravention qui lui est imputée, on peut alors le déclarer convaincu, aucune autre preuve n'est nécessaire ; car si la loi a ordonné que les contraventions seraient prouvées, soit par procès-verbaux, soit testimonialement, ce n'est que dans l'hypothèse qu'elles seraient déniées par le contrevenant. En matière civile, dont la justice de police se rapproche beaucoup, la loi regarde l'aveu de la partie comme la meilleure preuve qui puisse justifier une demande.

Une circonstance particulière peut se présenter, celle où un seul témoin déposera de la contravention. Cette déposition isolée sera-t-elle une preuve suffisante ? Une ancienne règle a dit: *vox unius, vox nullius*. Cependant, s'il existe des indices capables d'établir une semi-preuve, si la partie accusée fait des demi-aveux, ou des réponses contradictoires ; si le témoin seul entendu est bien famé, je pense que ces circonstances réunies, en tout ou partie, à la déposition unique, doivent être regardées comme une preuve complète, pour une simple contravention.

C'est d'ailleurs à la conscience et à la sagacité du Maire, à bien peser toutes ces circonstances. Il lui sera libre de s'y déterminer suivant sa conviction.

CHAPITRE IX.

ATTRIBUTIONS *des Gardes - champêtres et forestiers.*

ELLES sont assez importantes pour desirer que les Gardes en soient parfaitement pénétrés. Un Garde-champêtre digne de ses fonctions, est un fonctionnaire précieux pour les habitans des campagnes. S'il sait remplir tous ses devoirs, il sait commander le respect aux propriétés, et garantir la sécurité du propriétaire. S'il sait mépriser les vaines clameurs et la cupidité, il en impose aux déprédateurs, il comprime les effets de leurs penchans funestes ; il les surprend en flagrant délit. Mais un Garde qui n'a ni les moyens, ni le courage de se placer au niveau de ses fonctions conservatrices ; un Garde qui, faible ou immoral, cède aux menaces du méchant, ou à l'or du corrupteur, un tel Garde devient un fléau pour le propriétaire.

Ces réflexions ont été généralement senties : le Législateur lui-même les a partagées, car il n'a donné qu'une existence précaire à ces Gardes, qui toujours ont été révocables à volonté. Et maintenant il leur donne des inspecteurs, dans la personne des Maires, qui peuvent, par prévention, et malgré ces Gardes, exercer leurs fonctions.

C'est dans cet état, que j'ai à examiner les fonctions des Gardes-champêtres et forestiers.

L'article 16 du Code d'instruction charge ces Gardes, considérés comme Officiers de police judiciaire, de rechercher, chacun dans le territoire où il est assermenté, les délits et les contraventions de police, qui auront porté atteinte aux propriétés rurales ou forestières.

Pour remplir ce devoir important, les Gardes doivent, sans égard pour tel ou tel individu, sans examiner s'il y a eu dégât considérable ou non, sans déférer à la recommandation de l'homme en place, ni céder à une pitié mal entendue; ils doivent, dis-je, dresser leurs procès-verbaux de tous délits et contraventions dont ils auront connaissance. Ces procès-verbaux constateront la nature, les circonstances, le temps, le lieu des délits, les preuves et les indices qui auront pu être rcueillis. Je donnerai des modèles de ces procès-verbaux dans l'un des chapitres suivans.

La loi accorde aux Gardes-champêtres le droit de suivre les choses ou denrées enlevées, dans les lieux où elles auraient été déposées ou cachées. Alors ils saisiront et mettront en séquestre les objets enlevés; c'est-à-dire qu'ils les confieront à la garde d'une tierce personne, connue et responsable. Ce séquestre durera jusqu'à ce qu'il ait été statué par les Juges, sur la restitution des choses enlevées (même article *idem*).

Cependant, si les choses dérobées et enlevées étaient déposées dans des maisons, ateliers, bâtimens, cours adjacentes et enclos, il est interdit aux Gardes d'y pénétrer seuls. Après avoir constaté le fait principal de la contravention, ils doivent se retirer, soit devant le Juge de paix ou l'un de ses suppléans, soit devant le Maire ou son adjoint, pour demander à l'un ou à l'autre son assistance et son autorisation pour entrer dans le domicile du prévenu, ce qui doit être à l'instant accordé au Garde; alors, assisté d'un Officier compétent, il saisit les objets enlevés, et en opère le séquestre.

Les Gardes peuvent faire davantage : ils sont autorisés , dans le cas dont je vais parler , à saisir et arrêter tous individus qu'ils auront surpris en flagrant délit, ou dénoncés par la clameur publique. Ils conduiront l'individu arrêté , soit devant le Juge de paix , soit devant le Maire , qui procédera alors comme Officier de police judiciaire (voyez articles 49 et 53 du Code d'instruction).

Mais avant de faire cette arrestation , les Gardes doivent bien faire attention si le délit dont le prévenu est accusé emporte la peine d'emprisonnement , ou une peine plus grave ; car autrement les Gardes doivent s'abstenir d'arrêter le prévenu , même en flagrant délit. La loi ne leur accorde pas le droit d'arrestation pour aucun autre cas, ni pour aucune contravention telle qu'elle soit (article 16 *idem*). Si les Gardes se permettaient de saisir les personnes autrement que dans le cas unique qui leur est attribué , ils se rendraient coupables de détention arbitraire , et pourraient être poursuivis criminellement.

Quand un Garde-champêtre a besoin de secours, dans quelques cas relatifs à ses fonctions , il est autorisé à requérir main-forte du Maire ou de son adjoint, qui doit l'accorder à l'instant même.

Les procès-verbaux des Gardes , lorsqu'ils ne constateront que de simples contraventions , doivent par eux être remis, dans les trois jours, au Commissaire de police du chef-lieu du canton. S'il n'y avait pas de Commissaire au chef-lieu , alors les Gardes doivent remettre leurs procès-verbaux à l'Adjoint chargé du ministère public ; mais si les procès-verbaux des Gardes constatent un délit de nature à mériter une peine correctionnelle , alors ils doivent faire la remise de leurs procès-verbaux au Procureur-impérial qui, dans ce cas, a seul le droit d'en faire suite.

Telles sont les attributions des Gardes-champêtres et forestiers ; quant aux formalités qu'ils doivent observer, j'en traiterai dans le même chapitre qui contiendra les modèles de leurs différens procès-verbaux.

Je terminerai celui-ci par une esquisse rapide des peines infligées aux Gardes-champêtres prévaricateurs, et de celles qui sont déterminées contre ceux qui les offensent. Il est essentiel que ces doubles dispositions soient entièrement connues des Gardes.

« Toute attaque, toute résistance, avec
» violence et voie de fait, envers les Officiers
» ministériels, les Gardes-champêtres et fores-
» tiers, etc., est qualifiée, selon les circons-
» tances, *crime ou délit de rebellion* (article
» 209, Code pénal).

» La rebellion commise par trois personnes
» armées, jusqu'à vingt, est punie de la reclu-
» sion. Si les coupables étaient sans armes,
» l'emprisonnement de six mois à deux ans leur
» est appliqué. Et si la rebellion n'est commise
» que par une ou deux personnes armées, elle
» sera punie par le même emprisonnement de
» six mois à deux ans. Si le rebelle ou les deux
» ne sont pas armés, ils ne sont punis que d'un
» emprisonnement de six jours à six mois (ar-
» ticle 211, *idem*).

» Tout outrage, fait par paroles, gestes ou
» menaces, à tout Officier ministériel, ou agent
» de la force publique (tel qu'un Garde), soit
» dans l'exercice de ses fonctions, soit à l'occa-
» sion de ses fonctions, sera puni d'une amende
» de 16 à 200 francs (article 224).

» Tout individu qui, même sans armes, et
sans

» sans qu'il en soit résulté de blessures, aura
» frappé un Officier ministériel, un agent de la
» force publique, un citoyen chargé d'un mi-
» nistère public, sera puni d'un emprisonnement
» d'un mois à six mois (article 230, *idem*).

» S'il y a effusion de sang, blessures ou ma-
» ladie, la peine sera la reclusion. Si la mort
» s'en est ensuivie, dans les quarante jours, le
» coupable sera puni de mort ».

On voit, par ces dispositions, que la loi
accorde une puissante protection aux Officiers
ministériels, aux Gardes-champêtres, etc. S'il
était juste de leur inspirer de la sécurité, et de
garantir leur sûreté personnelle, il était d'une
égale justice de mettre un frein à la prévarication et à la corruption.

« Tous fonctionnaires publics quelconques,
» qui se seront rendus coupables du crime de
» concussion, en ordonnant de percevevoir,
» en exigeant ou recevant ce qu'ils savaient
» n'être pas dû, seront punis de la reclusion.
» Cette peine dure cinq ans au moins, et dix
» ans au plus.

» Tout fonctionnaire public, agent ou pré-
» posé, qui aura agréé des offres ou promesses,
» ou reçu des dons ou présens, pour faire un
» acte de sa fonction ou de son emploi, quand
» même l'acte serait juste, mais non sujet à
» salaire, sera puni du carcan, et condamné
» à une amende double de la valeur des pro-
» messes agréées, ou des choses reçues. (article
» 177, Code pénal).

» Tout fonctionnaire, agent ou préposé,
» qui se sera abstenu de faire un acte qui en-
» trait dans l'ordre de ses devoirs, d'après des
» dons ou présens reçus, ou des offres ou pro-
» messes acceptées, sera puni de même du

F

» carcan, et d'une amende double de la valeur
» des choses promises ou reçues (*idem*, *idem*).

» Tout fonctionnaire qui aura, sans motif
» légitime, usé ou fait user de violences envers
» les personnes, dans l'exercice de ses fonc-
» tions, sera puni suivant la nature et la gra-
» vité des violences ; mais le *maximum* de la
» peine sera toujours prononcé.

» Ceux des fonctionnaires publics qui auront
» participé à des crimes ou délits qu'ils étaient
» chargés de surveiller ou de réprimer, seront
» punis, lorsqu'il s'agira d'un délit de police
» correctionnelle, du *maximum* de la peine
» attachée à l'espèce du délit ; et lorsqu'il s'a-
» gira de crimes emportant peine afflictive ou
» infamante, ils subiront les peines graduées
» par l'article 198 du Code pénal ».

CHAPITRE X.

DE la Procédure devant les Tribunaux de police des Juges de paix.

CETTE procédure est fort simple, comme elle l'a toujours été : le Code d'instruction y a donné cependant des améliorations dont la nécessité était sentie.

La partie lésée ou la partie publique porte sa plainte par une simple citation, qui est noti-fiée par l'huissier du Juge de paix ; elle contient les noms, prénoms et demeures des parties re-quérantes ou prévenues, et toutes les autres formalités communes aux ajournemens et cita-tions civiles. Les motifs de la plainte sont som-

mairement expliqués dans la citation ; les conclusions y sont fixées avec précision et clarté ;
en têté de la citation , il doit être donné copie
du procès-verbal, s'il y en a. Enfin, la citation
ne pourra être donnée à un délai moindre de
24 heures, outre un jour par trois myriamètres,
à peine de nullité , tant de la citation que du
jugement qui serait rendu par défaut.

Cette nullité doit être proposée *in limine litis* :
elle se couvre de plein droit par les défenses au
fond ; puisque si elle n'est pas proposée dès la
première audience, avant toute exception et
défenses , la loi veut qu'elle ne soit plus admise
(article 146 du Code d'instruction).

On peut cependant aujourd'hui assigner un
prévenu à un délai moindre de 24 heures, lorsque, dans les cas urgens, le Juge de paix aura
abrégé les délais , en vertu d'une cédule qu'il
aura délivrée.

Dans les cas ordinaires , qui ne requièrent
point célérité, les parties peuvent se dispenser
de faire donner une citation. Le nouveau Code
d'instruction permet aux parties de comparaître
volontairement sur un simple avertissement ;
mais excepté le cas de comparution volontaire,
la citation par huissier est indispensable devant
le Juge de paix.

J'ai souvent remarqué un vice sensible dans
beaucoup de citations faites par plusieurs huissiers. Ce vice est dans la rédaction des conclusions de la partie plaignante , que les huissiers
rédigent ainsi : « pour se voir faire défenses (au
» Délinquant) d'insulter le requérant , ou de
» laisser vaguer et pacager ses bestiaux , etc ».
C'est là une mauvaise rédaction, qui n'a d'ailleurs aucun fondement. Les parties n'ont pas
le droit de demander que telle ou telle chose
soit défendue ; la loi a déjà prononcé cette dé-

fense, ce qui suffit. La partie lésée n'a que le droit de demander ses dommages-intérêts résultans de la contravention ; et à cet effet, que le contrevenant en soit déclaré convaincu. Les huissiers des Tribunaux de police doivent donc, conformément à ces principes, établir les conclusions de la partie plaignante.

Avant le jour de l'audience, le Juge de paix pourra, soit sur la requisition du ministère public, soit de la partie civile, estimer ou faire estimer les dommages ; dresser ou faire dresser des procès-verbaux, faire ou ordonner tous actes requérant célérité (art. 148 du Code d'instruction).

C'est ici une nouvelle disposition, qui remplit une lacune de l'ancienne législation de police. La loi de septembre 1791 accordait bien aux Juges de paix le droit d'estimer ou de faire estimer les dommages ; mais jamais cette estimation n'était faite avant le jugement, ce qui a entraîné des inconvéniens fâcheux, principalement en matière correctionnelle. Il est souvent arrivé que les propriétaires lésés ont été privés d'indemnité, parce qu'il s'était écoulé, entre leur plainte et l'estimation, un intervalle assez long pour que le dommage fût couvert par la végétation des blés, foins ou légumes endommagés.

Cet inconvénient disparaîtra maintenant, puisque la partie lésée a le droit de faire estimer le dommage, à l'instant même qu'il est commis. Pour y parvenir, elle doit demander au Juge de paix, soit son transport sur le lieu du dégât, soit une ordonnance portant nomination d'experts, pour faire l'estimation contradictoirement avec le prévenu. On notifie à ce dernier l'ordonnance du Juge, avec sommation de se trouver sur le lieu du dommage, aux jour et heure indiqués. Par le même exploit, on l'assigne au Tribunal de police, pour être déclaré convaincu de la contravention, et condamné au paiement des dommages-intérêts et des dépens.

Voici des formules de ces différens actes :

Ier. MODÈLE.

Ordonnance de transport d'un Juge de paix,
pour estimer un dommage.

———————

« Nous, Juge de paix du canton de Lajarrie,
» sur la plainte qui nous a été portée par Joseph
» Henry, cultivateur, demeurant à Saint-
» Rogatien :

» Que ce jour, cinq heures du matin, Phi-
» lippe Hardi, cultivateur, demeurant à *idem*,
» a fait volontairement passer son troupeau de
» bœufs dans un champ ensemencé en froment,
» appartenant audit Henri, situé au terroir des
» Bluets, même commune de St.-Rogatien ;
» confrontant du levant à Etienne Caillou, du
» couchant à Louis la Pierre ; lequel blé main-
» tenant en tuyau, a été écrasé et mangé en
» partie par ledit troupeau de bœufs. Que,
» desirant faire constater de suite ce dommage,
» il demande qu'il nous plaise ordonner inces-
» samment notre transport sur le champ ci-
» dessus désigné, afin d'estimer le dommage qui
» y a été commis.

» En vertu de l'article 148 du Code d'instruc-
» tion criminelle, Nous, Juge de paix, sans
» nuire ni préjudicier aux droits et moyens des
» Parties, Ordonnons notre transport sur le
» champ ci-dessus confronté, demain, neuf de
» ce mois, six heures du matin, pour visiter et
» estimer le dommage dont il s'agit ; à laquelle

,, visite il sera fait sommation , cejourd'hui ,
,, audit Hardi, d'assister si bon lui semble. Ce
,, qui sera exécuté par provision , nonobstant
,, appel ou opposition.

» Donné en notre prétoire, à Lajarrie, le 8
» mai 1811 , sur les huit heures du matin ».

     L..., juge de paix.

Si le Juge croit plus convenable de nommer
des experts , soit en raison de la modicité pré-
sumée du dommage , soit à raison du plus ou
moins d'urgence, soit à cause de l'éloignement
des lieux , alors il pourra nommer, soit trois
experts , soit un seul. Le Code d'instruction ne
fixe point le nombre des experts; mais je pense
que l'on doit suivre l'article 303 du Code de
procédure civile.

Dans ce cas, après l'exposé du fait qui donne
lieu à la plainte, le Juge de paix rend son Ordonnance, portant nomination d'experts, en
ces termes :

2e. MODÈLE.

« Vu l'exposé ci-dessus, Nous, Juge de paix,
» sans nuire ni préjudicier aux droits et moyens
» des Parties ;

» En vertu de l'article 148 du Code d'instruc-
» tion criminelle, ORDONNONS que le dommage
» dont il s'agit sera visité et estimé par Charles
» Gravier, cultivateur, demeurant à
» que nous nommons expert, pour faire ladite
» estimation et visite ; à quoi il procédera en
» présence des Parties dûment appelées, le
» de ce mois,   heures du
» et sera le rapport dressé par ledit expert,
» déposé en minute au greffe du Tribunal de
» police, dans les 24 heures; ce qui sera exé-
» cuté par provision, suivant la loi.

» Donné en notre prétoire, à Lajarrie, le

Quand la Partie plaignante a obtenu du Juge
de paix une Ordonnance qui fixe son transport,
elle doit la faire notifier à la Partie accusée,
avec sommation de comparaître aux jour, lieu et
heure indiqués, devant le Juge ; et pour simplifier d'autant la procédure, ce qui est toujours desirable, dès que la loi le permet, la
Partie plaignante, par la même citation, donne
ajournement au prévenu, à comparaître au
Tribunal de police, à la première audience.

Cette double citation pourra se faire de cette
manière :

3e. MODÈLE.

" LE 8 mai 1811, à la requête de Joseph
,, Henri, cultivateur, demeurant à Saint-
,, Rogatien, où il fait élection de domicile ;
,, moi, Hyacinthe Prudent, huissier, etc.,
,, ai notifié et donné copie, en tête des pré-
,, sentes, à Philippe Hardi, cultivateur, de-
,, meurant au même lieu de St.-Rogatien,
,, en son domicile et parlant à sa personne, de
,, l'Ordonnance rendue, ce jour, par M. le Juge
,, de paix du canton de Lajarrie, signé L...,
,, dûment enregistrée et en forme, à ce qu'il
,, n'en ignore; par vertu de laquelle j'ai, audit
,, Henri, fait sommation de comparaître devant
,, mondit sieur Juge de paix, demain, neuf de
,, de ce mois, six heures du matin, sur un
,, champ ensemencé en froment, appartenant
,, au requérant, situé au terroir des Bluets,
,, même commune de St.-Rogatien, confronté
,, par l'exposé en tête de ladite Ordon-
,, nance ; pour, là étant, assister à la visite et
,, estimation qui sera faite par ledit sieur Juge
,, de paix, du dommage commis dans ledit
,, champ, ce jour, par le troupeau dudit
,, Hardi. A défaut par lui d'y comparaître, je

„ lui ai déclaré qu'il y sera procédé , tant en
„ son absence que présence.

„ Et en outre, par cette même citation, j'ai
„ audit Hardi, donné assignation à comparaître
„ à l'audience du Tribunal de police de Lajarrie,
„ chef-lieu de canton, qui tiendra devant mon-
„ dit sieur le Juge de paix, dans son prétoire,
„ le onze de ce mois, neuf heures du matin, pour
„ être déclaré convaincu d'avoir fait ou laissé
„ passer volontairement son troupeau de bœufs
„ dans le champ de froment ci-dessus désigné;
„ pour réparation de quoi être condamné à
„ payer au requérant, pour ses dommages-in-
„ térêts, la somme à laquelle se trouvera mon-
„ ter l'estimation qui sera faite par ledit sieur
„ Juge de paix, suivant le procès-verbal qui en
„ sera dressé. En outre sera, ledit Hardi, con-
„ damné aux dépens.

„ Fait et délaissé , etc ».

Si le Juge de paix ne se transporte pas sur le
lieu, et qu'il ait nommé des experts pour faire
l'estimation du dommage, la Partie lésée présente aux experts l'Ordonnance de leur nomination, en les requérant de procéder volontairement à leur commission. Mais si les experts,
ou l'un d'eux, refusent d'opérer volontairement,
le demandeur leur fera faire sommation de se
rendre sur le lieu du délit, pour opérer. Dans
tous les cas, le demandeur assigne le prévenu,
pour assister à l'opération des experts, dont le
jour et l'heure sont fixés par l'Ordonnance du
Juge, qui contient leur nomination. Par la même citation, il assigne également le prévenu à
comparaître à la première audience de police,
dans la même forme que le Modèle n.º 3. Les
légers changemens qui devront être faits à cette
formule, lorsque ce sont des experts qui font

la visite, au lieu du Juge de paix, se conçoivent aisément, et se suppléent de même.

4e. MODÈLE.

Procès-verbal de visite et d'estimation.

" Le neuf mai 1811, 6 heures du matin,
„ Nous, Juge de paix d   , assisté
„ de notre greffier (ou de celui du Tribunal de
„ police, s'il y en a); en vertu de notre Or-
„ donnance du jour d'hier portant que nous
„ nous transporterons, ce jour et heure, sur
„ un champ ensemencé en froment, apparte-
„ nant à Joseph Henri, situé au terroir des
„ Bluets, commune de St.-Rogatien ; confron-
„ tant du levant à   du couchant à
„ pour visiter et estimer le dommage que Jo-
„ seph Henri prétend avoir été commis dans
„ sondit champ, par le troupeau de bœufs de
„ Philippe Hardi, sur les cinq heures du matin
„ du même jour d'hier ;

„ Nous sommes, à la requête dudit Joseph
„ Henri, demeurant à
„ transportés sur le champ ci-dessus désigné ;
„ où étant arrivé sur les sept heures du matin,
„ s'est présenté ledit Joseph Henri, qui, en
„ persistant dans sa plainte, nous a requis de
„ procéder présentement à la visite du dommage
„ dont il se plaint ; déclarant qu'il a fait no-
„ tifier notre Ordonnance audit Hardi, avec
„ sommation de comparaître, à ce jour, lieu
„ et heure, devant Nous. De quoi il a justifié,
„ en Nous exhibant l'original de la citation
„ donnée audit Hardi, le même jour d'hier,
„ par Prudent, huissier, dûment enregistré. Et
„ a, ledit Henri, signé sous toutes réserves de
„ droit.

H......

„ S'est aussi présenté Philippe Hardi, demeu-
„ rant à St.-Rogatien, qui a déclaré comparaître
„ pour obéir à Justice seulement, attendu qu'il
„ n'a aucune connaissance que le dommage
„ dont il est cas ait été commis par son trou-
„ peau de bœufs, ce qu'il ne croit même pas ;
„ offrant d'ailleurs d'assister à notre opération,
„ et a signé.

H......;

„ Nous avons donné acte aux Parties, de
„ leurs comparutions, requisitions et pro-
„ testations ; et sans nuire ni préjudicier à
„ leurs droits et moyens, qui demeurent au
„ contraire réservés, avons, en leur présence,
„ procédé à la visite du champ sur lequel Nous
„ sommes, ainsi qu'il suit :

„ Nous avons remarqué, à l'extrémité nord
„ dudit champ, une trace du passage de
„ plusieurs animaux, que nous présumons être
„ bœufs ou vaches. Que cette trace subsiste
„ depuis l'extrémité nord, jusqu'à celle du sud,
„ où le champ communique à un chemin vici-
„ nal qui conduit à la métairie occupée par
„ Hardi. Que cettedite trace est d'une largeur
„ inégale de trois à six mètres, et que dans toute
„ sa longueur, le blé-froment est brisé et mangé
„ d'une manière plus ou moins forte ; ce qui
„ fait présumer que les bestiaux ont séjourné
„ quelque temps dans cette direction ;

„ Que le blé-froment de ce champ est main-
„ tenant en tuyau, et que la superficie du terrain
„ où existe le dégât peut être égale à 18 ares,
„ qui auraient pu produire environ douze my-
„ riagrammes de froment, dont la valeur serait
„ de la somme de   . Ainsi estimé en
„ présence des Parties. Et attendu que Hardi
„ disconvient d'être l'auteur du dommage, di-

„ sons que Henri fera assigner à l'audience du
„ onze de ce mois, ou présentera volontaire-
„ ment les témoins qui auront connaissance du
„ fait dont est prévenu Hardi.

„ Fait et clos, le présent Procès-verbal, sur
„ le champ désigné, en présence des Parties,
„ qui ont signé avec Nous, sur les neuf heures
„ du matin „.

Ce Procès-verbal ne doit point être signifié à
la Partie défenderesse : il suffit que lecture en
soit faite en l'audience, après la plainte, ou le
Procès-verbal du Garde-champêtre, s'il y en a.
Quand la visite est faite par des experts, ils en
rédigent leur rapport ; s'ils ne savent signer (ou
l'un d'eux), alors c'est au greffier du Juge de
paix à rédiger le rapport des experts, dont la
forme doit être à-peu-près la même que celle
du Modèle précédent, en faisant de légers changemens, qui sont faciles à saisir.

On trouvera peut-être que les délais fixés
dans les formulaires précédens, sont très-courts ;
mais la nature de la chose le veut ainsi, et la
loi le permet. En général, dans toutes matières qui requièrent célérité, le Juge de paix
abrège les délais comme il veut ; et je regarde
que l'estimation d'un dommage demande toujours célérité.

Ce que je viens de dire, relativement à l'estimation demandée par la Partie civile, avant
l'audience, s'applique aussi à la requisition que
le Commissaire de police peut faire d'office,
pour opérer semblable estimation. Les formulaires que je propose pour la partie lésée, ainsi
que le Procès-verbal de visite, peuvent également être employés sur la poursuite du ministère
public.

Les Maires n'ont point le droit de faire cette

procédure provisoire et préalable. La loi de septembre 1791 , qui établissait cependant une police municipale, attribuait exclusivement aux Juges de paix le droit d'estimer les dommages, même en matière correctionnelle.

Le Code d'instruction confirme ce même droit exclusif aux Juges de paix. C'est par l'art. 148 qu'il leur est nommément attribué. Les articles 166, 167, 168, 169, 170 et 171, qui établissent la forme de procéder devant les Maires, n'attribuent à ces derniers aucun droit de faire les estimations des dommages , ni aucuns actes célères ; au contraire , le dernier paragraphe de l'article 171 leur interdit ces procédures extraordinaires, car il dit : " Seront, au surplus, observées devant les Maires, les dispositions des articles 149, 150, 151, 152, 153, etc. , concernant l'instruction , et les Jugemens au Tribunal de police ,,.

Ainsi, les Maires ne pouvant procéder que d'après les articles 149 et suivans, il est clair qu'ils ne peuvent pas procéder suivant l'article 148.

Il suit de là une autre conséquence, c'est que les Maires ne peuvent jamais juger une contravention pour raison de laquelle le Juge de paix aurait fait ou commencé une estimation. J'ai déjà parlé de cet objet dans un des Chapitres précédens , et je m'y réfère.

J'examine maintenant l'instruction qui suit la citation. Si la Partie citée ne comparaît pas à l'audience fixée , elle est jugée par défaut. Mais il lui reste la faculté de former opposition au jugement, dans les trois jours de la signification ; sinon elle est déchue de cette faculté. L'opposition n'est jamais reçue dans le cas d'un second jugement par défaut. Au reste, il suffit de lire les articles 149 , 150 et 151 , du Code d'instruction, pour être dans le cas d'en remplir exactement les dispositions ; je ne dirai rien de plus sur ces points généralement connus.

Je dois remarquer cependant une innovation avantageuse, introduite par le nouveau Code : c'est que la Partie condamnée par défaut, peut donner son opposition au jugement, par simple déclaration au pied de la signification de ce jugement. L'huissier ne peut refuser de consigner cette déclaration sur son acte.

Cette nouvelle forme réunit trois avantages : le premier, d'éviter aux parties les frais d'une opposition par acte extrajudiciaire ; le second, d'abréger la procédure ; le troisième, d'éviter un déplacement à l'opposant. Il est donc à desirer que les Juges de paix recommandent strictement ce nouveau mode d'opposition.

L'article 152 du Code d'instruction permet aux parties de comparaître à l'audience du Juge de paix, par un fondé de procuration spéciale : cette faculté est accordée ici dans des termes généraux ; la loi n'interdit à personne d'en représenter un autre. Il semble donc naturel que tout citoyen jouissant des droits civils, puisse représenter une partie.

C'est une dérogation au Code de brumaire, qui interdisait textuellement aux défenseurs officieux de représenter les parties devant les Tribunaux de police.

Cependant, cette disposition a été diversement interprétée, depuis le Code de procédure. Des Juges de police ont constamment repoussé les Officiers ministériels ; d'autres les ont admis sans difficulté. Ceux qui excluaient les Officiers ministériels, se fondaient, et sur le texte du Code de brumaire, et sur la loi du 14 octobre 1790, qui interdisait à ces Officiers de comparaître en bureau de paix, pour y représenter les parties. Ceux qui, au contraire, admettaient ces Officiers en tribunal de police, distinguaient, que le Code de brumaire ne parlait nommément que des défenseurs officieux, et que c'était une rigueur d'étendre l'exclusion jusqu'aux avoués. Ils distinguaient aussi que les bureaux de paix étaient essentiellement conciliateurs, tandis que les Juges de police ne pouvaient jamais concilier.

Il est intervenu un arrêt de la Cour de cassation, qui a décidé ce point d'une manière défavorable, aux Officiers ministériels, en leur appliquant, en général, l'exclusion portée contre les défenseurs officieux, par le Code de brumaire.

Mais, maintenant, cette jurisprudence doit changer, parce que la loi nouvelle donne une latitude parfaite aux parties, de se faire représenter à l'audience du Juge de police, par tout fondé de pouvoir spécial ; dès que la loi ne fait aucune exception, les Juges ne peuvent en faire.

C'est ainsi que le Code de procédure est d'ailleurs suivi, dans une disposition entièrement semblable, pour la représentation des parties en bureau de paix. La loi civile permet (comme ici la loi criminelle) aux parties de se faire représenter par tout fondé de pouvoir : les avoués y ont dès-lors été reçus.

Cependant on a contesté, même depuis peu, cette faculté aux avoués ; on a douté que la loi du 14 octobre 1790 fût abrogée. Mais elle l'a été expressément, par l'article 1041 du Code de procédure, qui abolit, d'une manière absolue et générale, sans limitations, toutes lois, coutumes, usages et réglemens relatifs à la procédure civile.

On trouve, dans le dictionnaire de Bavoux et Louiseau (tom. 1er.), des détails propres à confirmer que l'esprit de la loi nouvelle est d'admettre les Officiers ministériels en bureau de paix. Ces auteurs rapportent les expressions de l'Orateur du Tribunat, en ces termes : " On ,, avait proposé de défendre aux hommes de loi ,, de se présenter pour les parties. Après avoir ,, approfondi la question, on a reconnu que la ,, proposition ne répondait point, dans la pra- ,, tique, à l'idée qu'on s'en était formée dans ,, la théorie. Sans doute il était facile de recon- ,, naître un avoué ; mais on ne reconnaîtra pas ,, toujours un particulier, que l'avoué lui-même ,, fera paraître avec des instructions particu- ,, lières. Si la partie n'a confiance que dans son ,, avoué, ne se présentera-t-elle pas devant le ,, Juge, comme on l'a vu si souvent, avec un ,, plan de conduite, dont elle ne consentira ,, jamais à se départir ? Et peut-être, si cet ,, avoué eût paru, il eût été moins difficile au ,, Juge de réussir à tout concilier, en lui faisant ,, appercevoir le mérite de ses observations.

,, Enfin, si une partie est homme de loi, et ,, que l'autre ne le soit pas, serait-il juste que ,, l'homme de loi eût pour lui tous les avan- ,, tages qui peuvent résulter de ses connais- ,, sances, tandis que l'autre serait réduite à ,, lutter avec des armes inégales ?

,, Toutes ces considérations ont déterminé à ,, n'apporter aucune limite à la confiance des ,, parties, lorsqu'il s'agit de donner un pouvoir,,.

Il faut ajouter à cette opinion des Tribuns, l'article 69 du décret impérial du 16 février 1807, contenant réglement pour la taxe des dépens, qui prescrit " qu'il ne sera rien dû à l'avoué ,, pour représenter sa partie en bureau de ,, paix ,,. Donc l'avoué peut y paraître libre- ment.

Or, si l'Officier ministériel peut paraître dans

les matières conciliatoires , *a fortiori* il le peut dans les matières de police toujours inconciliables ; c'est dans ces matières que son ministère est plus nécessaire.

Et pourquoi n'en serait-il pas dans les Tribunaux de police comme dans les Tribunaux correctionnels, où les Officiers ministériels sont toujours admis ? Le Code d'instruction déclare communes, aux uns et aux autres Juges, presque toutes les dispositions sur la forme de procéder. Il doit en être de même de l'article 185 , qui permet au prévenu , dans les affaires qui n'entraîneront pas la peine d'emprisonnement , de se faire représenter par un avoué , sauf à ordonner sa comparution , en personne , lorsqu'il y aura lieu.

C'est assez discuter , sans doute , sur le mode de représentation des parties à l'audience de police. Je passe à l'instruction de chaque affaire : elle est faite publiquement , à peine de nullité. Cette instruction est toute verbale ; les cinq paragraphes de l'article 183 de la loi nouvelle, ont clairement déterminé l'ordre de cette instruction. Il serait inutile de commenter chaque point ; mais, comme dans la diversité des matières de police, il doit aussi exister des jugemens dont les espèces seront très-variées , je ne peux mieux en faire connaître les formes, que par des modèles particuliers. C'est ce qui fera l'objet des deux chapitres suivans.

CHAPITRE

CHAPITRE XI.

Formules de divers Jugemens pour les Tribunaux de police des Juges de paix.

Je ne donnerai, dans ce Chapitre, que peu de formules. Les Juges de paix, déjà exercés dans les matières de police, sauront se familiariser promptement avec les dispositions des lois nouvelles qui sont analogues à celles des lois anciennes. Aussi les formules que je vais donner seront toutes relatives à des faits nouveaux, établis par le Code pénal, et à des actes de procédure, qui sont encore nouveaux dans l'instruction. Mais dans le Chapitre suivant, destiné aux formes de procéder devant les Maires, j'entrerai dans de plus grands détails; je saisirai la procédure pour ainsi dire pied-à-pied; tous les incidens seront prévus, ainsi que les jugemens contradictoires ou par défaut, soit d'absolution, soit de condamnation.

5e. MODÈLE.

Jugement contradictoire, d'après un Procès-verbal qui établit la Contravention.

" Entre Isaac Legris, joaillier, demeurant
„ à Saint-Martin île-de-Ré, demandeur, suivant
„ la citation de Lefort, comparant ledit Legris
„ en personne;

„ Contre Pierre Fortin, cultivateur, demeu-
„ rant à la Flotte, comparant aussi en per-
„ sonne.

„ La cause a été publiquement instruite, de
„ la manière suivante :

„ Il a été donné lecture, par le Greffier, en

G

,, présence des parties , d'un procès - verbal
,, dressé le quinze de ce mois , par l'adjoint du
,, maire de cette ville de Saint-Martin ; duquel
,, il résulte que Pierre Fortin, passant dans la
,, rue Blanche de cette ville , le même jour, trois
,, heures du soir, était suivi d'un gros chien
,, noir qui a attaqué Isaac Legris, et l'a pour-
,, suivi ; que Pierre Fortin n'a point retenu
,, ledit chien , malgré les cris du demandeur :
,, pour raison de quoi ce dernier a traduit Fortin
,, devant le Tribunal , et a conclu contre lui à
,, ce qu'il soit déclaré convaincu du fait cons-
,, taté audit procès - verbal , en conséquence
,, condamné en cinquante francs de dommages-
,, intérêts et aux dépens , sauf à M. le Com-
,, missaire près le Tribunal , à requérir pour la
,, vindicte publique , ce qu'il appartiendra.

,, Le défendeur s'est présenté , et a dit pour
,, défense : que son chien n'a fait aucun mal au
,, demandeur ; qu'il est vrai qu'il a aboyé et
,, couru après lui , mais que c'est sa faute ,
,, parce qu'il a fait rouler , en marchant , une
,, pierre près de ce chien ; qu'au surplus il n'a
,, point entendu le demandeur lui crier de rete-
,, nir son chien. D'après quoi il a demandé d'être
,, renvoyé absous sans dépens.

,, A quoi le demandeur a repliqué que les
,, allégations de Fortin sont absolument suppo-
,, sées ; qu'il est faux en effet qu'il ait jetté ou
,, roulé une pierre près du chien du défendeur,
,, tandis qu'il est certain que celui-ci a vu son
,, chien le poursuivre , sans qu'il ait fait aucun
,, mouvement pour le retirer , malgré qu'il l'en
,, ait prié plusieurs fois. Que d'ailleurs le pro-
,, cès-verbal de l'Adjoint du Maire est probatif
,, des faits dont il se plaint : pourquoi il a per-
,, sisté dans ses conclusions.

,, *Question de fait.* — Une contravention

„ de police a-t-elle été commise au préjudice
„ du demandeur ?

„ *Question de droit.* — Le défendeur doit-il
„ être regardé convaincu de cette contravention ?

„ Parties ouïes , ensemble M. le Commissaire
„ de police, qui a résumé l'affaire et donné ses
„ conclusions conformes aux dispositions ci-
„ après :

„ Le Tribuual, jugeant en première instance,
„ considérant que le procès-verbal dressé par
„ l'Adjoint du Maire de cette ville , est probatif
„ de tous les faits sur lesquels le demandeur a
„ porté sa plainte ;

„ Considérant que les allégations du défen-
„ deur, outre qu'elles sont vagues, ne peuvent
„ prévaloir contre le procès-verbal d'un Ad-
„ joint , qui mérite foi jusqu'à inscription de
„ faux ;

„ Déclare le défendeur convaincu d'avoir ,
„ le quinze de ce mois , trois heures du soir ,
„ laissé courir son chien sur le demandeur ; de
„ n'avoir pas retenu cet animal, lorsqu'il a
„ attaqué et poursuivi ledit demandeur.

„ Pour réparation de quoi condamne le dé-
„ fendeur en dix francs de dommages - intérêts
„ envers le demandeur, et aux dépens, taxés à
„ trois francs soixante - quinze centimes , non
„ compris le coût du présent jugement, en quoi
„ il demeure aussi condamné.

„ Faisant droit sur les conclusions du minis-
„ tère public, le Tribunal condamne le défen-
„ deur en six francs d'amende envers l'Etat ,
„ en vertu de l'article 475 du Code pénal , sep-
„ tième paragraphe , conçu en ces termes :

„ Seront punis d'amende depuis six francs
„ jusqu'à dix , inclusivement , 1.° ceux, etc. ;
„ 7.° qui auront excité ou n'auront pas retenu
„ leurs chiens , lorsqu'ils attaquent ou pour-

„ suivent les passans, quand même il n'en serait
„ résulté aucun mal ni dommage „. Ce qui
sera exécuté suivant la loi.

„ Ainsi prononcé par M........., juge de
„ paix de la ville et canton de Saint-Martin,
„ île-de-Ré, jugeant en Tribunal de police, en
„ son prétoire, audience tenant publiquement,
„ le   février 1811.   Signé à la minute :

M..., *juge*, et P..., *greffier*.

„ Mandons et ordonnons, etc. „.

On voit que l'espèce de ce jugement est prise
d'une nouvelle contravention, établie par le
Code pénal, celle de ne pas retenir les chiens
qui attaquent les passans, lors même qu'il n'en
résulte aucun dommage. On voit aussi que,
dans ce modèle, le prévenu est déclaré convaincu
principalement parce que le procès-verbal dressé
contre lui, doit être cru jusqu'à inscription de
faux. Mais tous les procès-verbaux n'ont pas
cette prérogative ; il en est au contraire qui
peuvent être débattus par des preuves contraires, soit écrites, soit testimoniales, si les Juges
de police trouvent utile de les admettre.

L'article 154 du Code d'instruction s'exprime
ainsi : " Nul ne sera admis, à peine de nullité,
„ à faire preuve par témoins, outre et contre
„ le contenu aux procès-verbaux ou rapports
„ des Officiers de police, ayant reçu de la loi
„ le pouvoir de constater les délits ou contra-
„ ventions, jusqu'à inscription de faux. Quant
„ aux procès-verbaux ou rapports faits par des
„ agens, préposés ou Officiers auxquels la loi
„ n'a pas accordé le droit d'en être crus jus-
„ qu'à inscription de faux, ils pourront être
„ débattus par des preuves contraires „.

Les procès verbaux des Maires, Adjoints, ou
Commissaires de police, ne sont point suscep-

tibles d'être atténués par des preuves contraires, verbales ou écrites : il n'y a que l'inscription de faux qui puisse leur être valablement opposée. Mais les procès-verbaux ou rapports des simples Agens de police , des Gardes - champêtres ou forestiers , peuvent être balancés et atténués par des preuves contraires.

6e. MODÈLE.

Jugement qui admet la preuve contraire au Procès-verbal d'un Garde.

" Entre Théodore Mauvillain , propriétaire, „ à Boncourt, y demeurant , demandeur sui- „ vant citation d'Apris , huissier , du dix - sept „ de ce mois , enregistré le lendemain par St.- „ Amand , comparant , ledit Mauvillain , en „ personne ;

„ Contre Benoît Courcelle , cultivateur , et „ son épouse , demeurant aussi à Boncourt , „ et comparans en personne.

„ La cause a été instruite publiquement de „ la manière suivante :

„ Lecture a été faite , par le Greffier , en „ l'audience , d'un procès - verbal dressé le 14 „ de ce mois , par le Garde - champêtre de „ Boncourt , par lequel il est constaté que le „ même jour , deux femmes par lui désignées „ pour être l'une épouse, et l'autre domestique, „ de Benoît Courcelle , se sont introduites, sur „ les trois heures du matin , dans un champ „ non encore dépouillé ni vidé de sa récolte , „ situé près de Boncourt ; confrontant du le- „ vant à . , du couchant à „ Dans lequel champ ces deux femmes auraient „ fait un glanage qui , par son produit, peut „ être suspecté de maraudage.

„ En vertu de cet acte, Mauvillain a traduit

,, Courcelle et sa femme devant le Tribunal,
,, et a conclu, tant par sa citation qu'en l'au-
,, dience, à ce qu'ils soient condamnés, savoir,
,, la femme Courcelle personnellement, et son
,, mari, comme tenu des faits civils de sa do-
,, mestique, à lui payer une somme de vingt-
,, cinq francs, pour le glanage indûment fait
,, par l'épouse Courcelle et sa domestique; en
,, outre aux dépens.

,, Les défendeurs ont comparu et ont dit:
,, que le Garde-champêtre de Boncourt a fait
,, une erreur grave, dans son procès-verbal,
,, en désignant l'épouse Courcelle et sa domes-
,, tique, pour être les deux individus qui ont
,, glané dans le champ de Mauvillain; parce
,, qu'il est de fait que ladite Courcelle et sa do-
,, mestique étaient, les jour et heure désignés
,, audit procès-verbal, en la ville de Commerci,
,, pour laquelle elles étaient parties le treize de ce
,, mois, veille de la contravention, et dont elles
,, ne sont revenues que le quinze. Après avoir
,, offert la preuve de ce fait, les défendeurs
,, ont requis d'être renvoyés absous sans dépens.

,, Et par le demandeur a été repliqué qu'il
,, persiste en sa plainte, et que le procès-verbal
,, dont il est cas, doit être cru en Justice.

,, *Dans le fait* : il s'agit d'un glanage indû-
,, ment fait, dont la femme Courcelle et sa do-
,, mestique sont désignées comme les auteurs;

,, *Dans le droit* : les faits contraires, soute-
,, nus par les défendeurs, sont-ils de nature à
,, en faire admettre la preuve, contre le procès-
,, verbal du Garde de Boncourt ?

,, Parties ouïes, ensemble le Commissaire
,, près le Tribunal, qui a résumé l'affaire, et
,, conclu à l'admission de la preuve testimo-
,, niale contre le procès-verbal dont il s'agit; et
,, en outre à ce qu'avant de faire droit au fond,

„ la domestique Courcelle soit mise en cause,
„ pour être par lui conclu contre elle, s'il y a
„ lieu, à l'application d'une peine qui ne peut
„ que lui être personnelle.

„ Le Tribunal, considérant que les faits jus-
„ tificatifs, proposés par le défendeur, sont
„ essentiellement contraires à ceux constatés
„ par le procès-verbal du Garde-champêtre de
„ Boncourt;

„ Considérant que cet acte est susceptible
„ d'être débattu par une preuve, même testi-
„ moniale.

„ Avant de faire droit, le Tribunal, sans
„ nuire ni préjudicier aux droits et moyens des
„ Parties, donne acte au défendeur, des faits
„ par lui soutenus; ordonne qu'il en fera
„ preuve par témoins ou par écrit, à la première
„ audience du Tribunal, à laquelle les Parties
„ comparaîtront en personne, sans citation
„ préalable; ordonne pareillement que la do-
„ mestique Courcelle sera appelée et mise en
„ cause à la même audience, pour répondre
„ aux conclusions du ministère public. Dépens
„ réservés en définitif. Ainsi prononcé par J.
„ R..., juge de paix de la ville et canton de
„ Commerci, département de la Meuse, ju-
„ geant en Tribunal de police, en son prétoire,
„ audience publique, tenant le 19 juillet 1811.

Signé J. R..., *juge*; K..., *greffier.*

» Mandons et ordonnons, etc ».

On conçoit bien que si, en définitif, le défendeur fait la preuve contraire au procès-verbal, il doit être renvoyé déchargé; mais que si,
au contraire, il ne fait pas cette preuve, il doit
être déclaré convaincu.

Je passe aux formalités que le Code d'instruction prescrit, dans les jugemens qui contiennent

audition de témoins. Ces formes sont à-peu-près les mêmes que celles prescrites par le Code de brumaire : les témoins prêtent à l'audience, sous peine de nullité, le serment de dire *toute la vérité*, et *rien que la vérité*. Ils déclarent leurs noms, professions et demeures ; ils font leurs dépositions sur les faits qui divisent les Parties. Le Greffier tient note du tout, et mention en est faite dans le jugement.

Je donnerai, dans le chapitre suivant, un modèle de jugement contradictoire sur audition de témoins. Il pourra être utile à MM. les Maires, et il contiendra toutes les nouvelles formes prescrites en pareil cas.

Je remarque, dans les formes relatives aux témoins, deux dispositions nouvelles, introduites par le nouveau Code : 1.º celles pour contraindre un témoin à comparaître devant les Juges de police ; 2.º celles relatives aux reproches qui peuvent être fournis contre les témoins.

Ni le Code de brumaire, ni les lois de juillet et de septembre 1791, n'avaient établi ces dispositions, ce qui était une lacune souvent embarrassante. Il est plusieurs fois arrivé que, sur ces deux points, les Juges de police ont été obligés de recourir aux formes de la procédure civile ; ce qui doit cesser, puisque la lacune est remplie par le Code d'instruction.

Il porte, article 156 : " que les ascendans ou " descendans du prévenu, ses frères et sœurs, " ou ses alliés en pareil degré, sa femme ou son " mari, même divorcé, ne seront ni appelés ni " reçus en témoignage ".

Ainsi, devant les Tribunaux de police, on ne pourra donc reprocher d'autres témoins que ceux dont la loi défend nommément l'audition ; ainsi, des parens du prévenu, à des degrés prohibés, en matière civile, seront admis devant les Juges de police. La loi va plus loin encore , car elle veut impérativement que, dans le cas même d'audition des pères ou mères, frères , sœurs ou beau-frères , il n'y ait point nullité , si la partie civile ou le ministère public ne se sont pas formellement opposés à l'audition de ces proches parens. C'est assurément donner une grande latitude pour opérer une preuve testimoniale.

Plusieurs réflexions se présentent sur cette nouvelle jurisprudence.

Si des frères ou des sœurs de la Partie civile étaient entendus sans opposition , le Juge doit-il se fixer entièrement sur de semblables dépositions ? Je crois qu'il faudràit les peser avec une grande prudence, et n'y donner une entière confiance qu'autant que les faits paraîtraient évidens , ou attestés par des témoins non parens.

Si des oncles ou tantes , même des cousins germains de l'une ou de l'autre partie , sont entendus, ce que la loi permet, le Juge pourra-t-il , sans danger , prendre à la lettre les dépositions de semblables témoins ? Je ne le pense pas. Il me paraît nécessaire d'apporter une circonspection prudente dans l'application de telles dépositions ; de les comparer à celles des autres témoins; d'examiner leur degré de vraisemblance, et la manière dont elles sont faites; d'observer enfin si , en déposant , de semblables témoins sont passionnés , ou portés à favoriser leur parent.

En proposant ces réflexions, qui me paraissent aussi justes que nécessaires, ce n'est point atténuer le vœu de la loi. Elle veut que les témoins qu'on ne peut reprocher, soient entendus : ils le seront. Mais la loi n'interdit pas aux Juges la liberté d'avoir tel égard que de raison à leurs dépositions. C'est ainsi qu'on en agit , même envers les témoins valablement reprochés en matière civile. La conscience du Juge doit être libre également dans les matières de police.

S'il est présenté des témoins impubères, doivent-ils être entendus ? La loi nouvelle n'en dit rien : les anciennes lois de police étaient de même muettes sur ce point. En droit, les témoins impubères étaient jadis repoussés : *impuberes a ferendo testimonium repelluntur.* Mais la jurisprudence actuelle admet ces témoins, même en matière criminelle ; ils sont admis à faire une simple déclaration, à laquelle on a tel égard qu'il paraît raisonnable.

Comment seront jugés les reproches contre les témoins, en Tribunal de police ? La loi ne dit pas s'ils seront jugés séparément du fond de la contestation, ou s'ils seront joints au fond, pour y être statué par un seul et même jugement.

La procédure de police étant extrêmement simple, je pense qu'il suffit au Juge de déclarer que les témoins reprochés ne peuvent être entendus, lorsqu'ils sont du nombre de ceux repoussés par la loi. Et lorsqu'au contraire les témoins assignés sont reprochés sans motifs autorisés, le Juge, en rejettant les reproches, déclare que les témoins seront entendus.

Ces déclarations sont des décisions d'instruction, qui font partie du jugement. Voici le mode que je crois convenable d'appliquer aux décisions sur les reproches contre les témoins.

7e. MODÈLE.

Décision qui rejette un témoin.

« Entre Pierre, demeurant à   , etc. ;
» contre Paul, demeurant à   , etc.,
» l'instruction de la cause a été publiquement
» faite ainsi qu'il suit :
» Lecture faite de la plainte (ou du procès-

„ verbal) , etc. , le demandeur a conclu à ce
„ que, etc. Le défendeur a soutenu que les faits
„ dont se plaint le demandeur sont faux , et il
„ en a fait une dénégation formelle. A quoi le de-
„ mandeur a repliqué qu'il offre faire la preuve
„ des faits portés par sa plainte ; qu'à cet effet
„ il a amené des témoins à cette audience , et
„ il a demandé qu'ils fussent entendus.

„ Ce que le Tribunal ayant autorisé , les té-
„ moins suivans ont été introduits : 1.º Joseph,
„ cultivateur, demeurant à
„ âgé de 55 ans ; 2.º , etc. Le défendeur a re-
„ proché Joseph , premier témoin , parce qu'il
„ est beau-frère du demandeur, ayant épousé
„ Anne, sa sœur ; pourquoi il a demandé que
„ ce témoin ne fût pas reçu.

„ Et par le demandeur a été dit que vérita-
„ blement Joseph est son beau-frère ; mais il a
„ soutenu qu'étant , dans la circonstance , un
„ témoin nécessaire , il devait être entendu éga-
„ lement.

„ Sur cet incident , le Commissaire de police
„ ayant résumé les faits , a donné ses conclu-
„ sions tendantes au jugement suivant :

„ *Dans le fait :* est-il certain que Joseph est
„ beau-frère du demandeur ?

„ *Dans le droit :* ce témoin peut-il être reçu ?

„ Le Tribunal, ouï les Parties ; considérant
„ qu'il est reconnu que le témoin reproché est
„ allié du prévenu au deuxième degré ;

„ Considérant que la loi ne permet pas de re-
„ cevoir le témoignage d'un frère, ou d'un allié
„ en pareil degré ;

„ Considérant que la loi ne fait point d'excep-
„ tion dans le cas où un frère ou beau-frère
„ serait témoin nécessaire ,

„ Le Tribunal déclare que le témoin Joseph
„ ne sera pas entendu.

,, Procédant ensuite à la continuation de l'ins-
,, truction publique de la cause , le Tribunal,
,, après les déclarations faites par les autres
,, témoins, de leurs noms , prénoms , âges,
,, qualités et demeures, a reçu le serment qu'ils
,, ont individuellement fait , de déposer *vérité*
,, et *rien que la vérité.* Ensuite chaque témoin
,, a fait sa déposition séparément l'un de l'au-
,, tre ; le tout en présence des Parties.

,, Ces dépositions ont consisté à dire , etc. ,,.
(le surplus comme dans les Modèles nᵒˢ. 5 et 6).

Si les témoins reprochés ne le sont pas valablement , c'est-à-dire que le motif du reproche
soit vague et non autorisé par la loi , alors le
Juge doit rejetter les reproches par une décision
d'instruction qui peut être faite en ces termes ,
et insérée comme la précédente dans le jugement
du principal :

8e. MODÈLE.

" Le Tribunal , ouï les Parties, et le Commis-
,, saire de police dans ses conclusions ; consi-
,, dérant que les reproches proposés par le
,, défendeur, contre les 1er. , 2e. et 3e. témoins
,, présentés par le demandeur , ne sont pas au-
,, torisés par la loi , rejette lesdits reproches ;
,, ordonne que les témoins seront entendus.

,, Procédant ensuite à la continuation de
,, l'instruction publique de la cause, etc. ,,. (suivre les précédens Modèles).

J'examine maintenant ce qui doit être fait
contre un témoin qui ne comparaît pas. La loi
veut que le témoin qui ne satisfera pas à la citation, puisse y être contraint par le Tribunal ,
qui , à cet effet, et sur la requisition du ministère public, prononcera dans la même audience,
sur le premier défaut , l'amende ; et dans le cas
d'un second défaut, la contrainte par corps.

Ce texte ne dit point quelle est l'amende qui sera prononcée. Mais dès que les Juges de police ne peuvent prononcer que le *maximum* de quinze francs d'amende, il est censé que celle qui sera appliquée au témoin, ne pourra jamais être plus forte que celle portée par ce *maximum*. Cependant, ne pourra-t-elle pas être moindre ? ne pourra-t-elle pas être graduée suivant la nature de la contravention ? Cette distinction me paraît essentiellement juste. S'il s'agit, dans la cause où le témoin est appelé, d'une contravention punie d'une amende de six à dix francs, telle doit être celle qui sera infligée au témoin, qui ne doit pas supporter une amende plus forte que le délinquant déclaré coupable ; d'autant que la peine d'emprisonnement assure à la Justice qu'une seconde résistance, de la part du témoin désobéissant, ne restera pas impunie.

Il est d'ailleurs à remarquer que la loi ne prononce qu'une disposition facultative, à l'égard des témoins non comparans, en ces termes : « pourront y être contraints, etc. ». Par-là, le Juge est libre sur le cas de nécessité de contraindre le témoin ; il l'est donc de même sur la valeur de l'amende.

Si le Tribunal ne juge pas la présence du témoin nécessaire pour compléter une preuve ; si le ministère public ne requiert pas l'amende contre le témoin ; si enfin le témoin a déjà fait parvenir des excuses légitimes, il n'y a point alors de nécessité de sévir contre le témoin. Le Tribunal, ou juge la cause en la même audience, si elle est en état, ou ordonne la réassignation pure et simple du témoin à une autre audience.

9e. MODÈLE.

Premier défaut contre un témoin.

" Entre, etc. ; contre, etc., le demandeur
,, a conclu, etc. Le défendeur a excepté pour
,, défenses que, etc.

,, Après avoir persisté dans sa demande, et
,, pour en justifier les faits, le demandeur a
,, dit qu'il a fait assigner à cette audience, de-
,, vant le Tribunal, 1.º Louis, cultivateur,
,, demeurant à   ; 2.º Christophe,
,, demeurant à   . Ces témoins,
,, appelés par le Greffier, ledit Christophe s'est
,, présenté, lequel interpellé de ses noms, pré-
,, noms, âge, qualités et demeure, a dit se
,, nommer, etc. Après quoi il a juré, par
,, serment, de déposer *vérité* et *rien que la*
,, *vérité ;* et il a fait sa déposition en présence
,, des Parties. Cette déposition a été que, etc. Le
,, premier témoin, Louis, ayant été appelé
,, deux fois par le Greffier, il n'a point com-
,, paru.

,, Dans cet état, les Parties ont été entendues
,, respectivement, tant sur la déposition du
,, seul témoin qui a déposé, que sur la non
,, comparution du témoin défaillant.

,, *Point de fait :* le premier témoin du de-
,, mandeur ne s'est pas présenté.

,, *Point de droit :* y a-t-il lieu d'ordonner la
,, réassignation du témoin, et de prononcer
,, une amende contre lui ?

,, Parties ouïes, ensemble M. le Commissaire
,, près le Tribunal, qui a résumé l'affaire, et
,, conclu au jugement suivant :

,, Considérant que le témoin Louis, par sa
,, non comparution, empêche que la cause soit
,, en état d'être jugée ;

,, Considérant que le Commissaire a requis

„ l'application de l'amende de 6 à 10 francs,
„ contre le témoin ; que cette amende est celle
„ prévue pour le cas de la contravention dont
„ il s'agit entre les parties.

„ Le Tribunal donne défaut contre Louis,
„ témoin non comparant ; et pour le profit,
„ le condamne à l'amende de six francs. Or-
„ donne qu'il sera réassigné à ses frais, pour
„ l'audience du   , à laquelle les Parties
„ comparaîtront devant le Tribunal, sans cita-
„ tion, pour leur être fait droit au fond, dé-
„ pens réservés. Ainsi prononcé par, etc. „.

Si le témoin condamné en l'amende, et réassigné, refuse une seconde fois de comparaître,
alors on présume, dans ce témoin, une mauvaise intention, et la loi permet de le contraindre
par corps. Cette peine ne peut être prononcée
que sur la requisition du ministère public. Le
jugement qui l'ordonnera pourra se motiver de
cette manière :

10.ᵉ MODÈLE.

Contrainte par corps contre un témoin.

Après les noms, qualités et demeures des
Parties ; après les conclusions du demandeur,
les défenses du prévenu, la relation du premier
jugement contre le témoin, et la mention de
la réassignation, on posera ainsi les questions :
" *Point de fait* : Louis a-t-il refusé, une
„ première et une seconde fois, de comparaître
„ comme témoin, après avoir été légalement
„ appelé et réassigné ?

„ *Point de droit* : la contrainte par corps
„ doit-elle être prononcée contre lui ?

„ Le Tribunal, ouï les Parties, ensemble
„ M. le Commissaire de police dans ses con-
„ clusions, qui a requis la peine d'emprison-
„ nement contre le témoin Louis ;

,, Sans nuire ni préjudicier aux droits et
,, moyens des Parties, le Tribunal, considérant
,, que le témoin a deux fois été inutilement
,, appelé; et que, dans l'intervalle des citations,
,, il a pu faire parvenir ses excuses, s'il en avait
,, eu de légitimes à proposer;

,, Considérant qu'une telle résistance est ré-
,, préhensible , et nuisible aux intérêts des
,, Parties ,

,, Le Tribunal donne de nouveau défaut con-
,, tre le témoin Louis; et pour le profit, ordonne
,, qu'il sera contraint, par corps, à comparaître
,, en personne, devant le Tribunal, à son au-
,, dience du   de ce mois , pour faire sa
,, déposition sur les faits qui divisent les Parties;
,, lesquelles seront tenues de comparaître sans
,, citation, à la même audience du   de ce
,, mois ; dépens réservés entre les Parties. Et
,, en ce qui touche les frais de la réassignation
,, du témoin Louis , le Tribunal y condamne
,, ce dernier; et a taxé lesdits frais à   , non
,, compris ceux de la mise à exécution du pré-
,, sent jugement , auxquels le Tribunal con-
,, damne aussi ledit Louis. Ainsi prononcé en
,, vertu de l'article 157 du Code d'instruction,
,, conçu en ces termes *(il faut copier le texte)*».
Plusieurs questions se présentent sur l'exécution d'un semblable jugement. D'abord, les frais
de cette procédure extraordinaire , par qui doivent-ils être supportés ? La loi ne statue que sur
l'amende encourue par le témoin; il paraît cependant équitable que ces frais extraordinaires
soient à la charge du témoin défaillant. En matière civile , le témoin qui fait défaut est condamné en des dommages-intérêts limités envers
la Partie , ce qui l'indemnise de ses frais de
réassignation. En matière de police , où la procédure est si simple qu'elle est presque toute
verbale,

il est encore plus rigoureusement juste d'obliger le témoin récalcitrant à payer des frais qui n'auraient pu ni dû avoir lieu sans son obstination.

Cette indemnité, juste envers la Partie, ne peut d'ailleurs être injuste envers un témoin ; car la loi a sagement décidé (article 158) que le témoin qui fait une première fois défaut, sera déchargé de l'amende prononcée contre lui, lorsque, sur la seconde citation, il présentera des excuses légitimes et justifiées de sa non comparution. Ainsi lorsqu'il y aura lieu de décharger le témoin de l'amende, il en sera de même des frais.

On ne dira pas sans doute que le témoin obstiné qui, à la seconde audience, refuse de se présenter, et qui laisse prononcer la contrainte par corps contre lui, mérite des égards. Assurément tous les motifs possibles, qui, une première fois, peuvent retenir un témoin, ne sont pas dans le cas de l'empêcher de se faire représenter, avant la réassignation, par un fondé de pouvoirs ; faculté nouvelle que la loi accorde au témoin empêché. Mais s'il dédaigne cette faculté, s'il se laisse réassigner, et s'il résiste encore à la réassignation, alors c'est sa faute s'il est arrêté, il y force la justice ; il doit donc bien payer les frais de son arrestation.

On peut demander dans quelles formes cette arrestation sera faite ; si elle aura lieu par un mandat d'amener, ou si elle sera faite d'après la simple notification du jugement du Tribunal de police, à l'instant même de cette notification.

L'article 77 des Constitutions de l'Empire, du 22 frimaire an VIII, statue que " pour exé-
„ cuter tout acte qui ordonne l'arrestation
„ d'une personne, il faut 1.° que l'acte ex-
„ prime formellement le motif de l'arrestation,
„ et la loi en vertu de laquelle elle est ordon-

H

„ née ; 2.° que l'acte émané d'un fonctionnaire
„ à qui la loi ait formellement donné ce pou-
„ voir ; 3.° qu'il soit notifié à la personne
„ arrêtée, et qu'il lui en soit laissé copie.
L'article 95 du Code d'instruction ajoute à
cela, " que les mandats de comparution,
„ d'amener et de dépôt, seront signés par
„ celui qui les aura décernés, et munis de
„ son sceau ; que le prévenu y sera nommé
„ ou désigné le plus clairement qu'il sera
„ possible „.

Toutes ces formalités se trouvent remplies
par le jugement qui ordonne que le témoin sera
contraint par corps, suivant la formule que
j'en ai donnée. On y trouve en effet le motif
de l'arrestation, la loi qui la permet, l'autorité
qui l'ordonne et qui en a le droit, la signature
du Magistrat, le sceau de la Justice. Enfin, la
signification du jugement est faite à personne
ou domicile.

Je pense donc qu'il n'est pas nécessaire de délivrer un mandat d'amener ou de dépôt contre
le témoin récalcitrant ; le jugement rendu contre lui, et sa notification, en tiennent lieu
absolument. Ainsi l'huissier qui notifiera un
jugement portant contrainte par corps contre
un témoin, pourra le saisir à l'instant même.

Ce n'est pas cependant que le Juge de police
ne puisse délivrer le mandat de dépôt contre le
témoin qu'il a ordonné de contraindre par corps.
La loi ne lui interdit point cet autre moyen ;
mais je pense qu'il est préférable d'exercer la
contrainte par la signification du jugement,
parce que cette signification réunit deux actes :
celui du commandement au témoin, de satisfaire aux condamnations de frais et d'amende
prononcées contre lui, et celui de l'arrestation ;
ce qui simplifie d'autant la procédure : tandis

que dans le cas d'un mandat , il faudrait faire absolument deux actes : la notification du mandat , celle du jugement pour les fins civiles.

Après l'arrestation du témoin , où sera-t-il conduit , et combien durera son arrestation ? Je pense qu'il est desirable , en général , de n'arrêter le témoin , si les localités ou les circonstances le permettent, que la veille ou même le jour de l'audience où il doit être entendu. En attendant son audition , il doit être déposé dans la maison d'arrêt ; et après avoir fait sa déposition, il doit être relaxé, sauf les poursuites civiles pour les frais frustratoires qu'il aura occasionnés , sauf encore le paiement de l'amende.

Mais si les localités ou les circonstances empêchent que le témoin soit saisi la veille ou le jour de l'audience , il est permis de le contraindre dans un temps plus éloigné. Je ne crois pas cependant que l'on puisse régulièrement lui faire subir plus de cinq jours d'emprisonnement, parce que c'est le *maximum* de semblable peine que le Juge de police prononce. Il sera donc convenable que le Juge recommande à l'huissier chargé de l'arrestation du témoin , de n'y procéder jamais avant le cinquième jour qui précède celui fixé pour son audition.

Dans tous les cas, l'huissier doit rédiger acte de l'arrestation, à la suite de la signification du jugement ; et il écroue le témoin pour le temps qui devra s'écouler jusqu'au jour et heure de l'audience où le témoin sera conduit.

Je passe aux dispositions de l'article 159 du Code d'instruction , qui présentent une espèce particulière. " Si le fait, dit la loi, ne présente " ni délit , ni contravention de police , le Tri- " bunal annullera la citation , et tout ce qui " aura suivi ; et statuera , par le même juge- " ment, sur les dommages-intérêts ,,.

La première partie de cet article est d'une exécution facile. Il est naturel qu'une action purement civile ne soit pas portée devant la police, qui est une émanation de la justice criminelle. Un fait qui n'est pas qualifié *contravention*, ne peut pas d'ailleurs être puni comme tel. Mais sans la disposition expresse que le Juge annullera la procédure, on aurait pu suivre une marche contraire; le Juge de police aurait pu se déclarer incompétent, et sauver aux Parties à se pourvoir pour tous faits non qualifiés *contraventions*. Cette jurisprudence a même été suivie par plusieurs Tribunaux de police, et j'avoue qu'elle m'a paru fondée; car si le Juge est incompétent de connaître du fait qui lui est soumis, il est aussi incompétent de prononcer sur la forme de la procédure tenue pour ce même fait. A présent la loi investit positivement le Juge, du droit d'annuller une telle procédure : il n'y a point à balancer, la loi doit être suivie.

La seconde partie de cet article 159, peut n'être pas entendue avec la même clarté. « *Et » statuera*, dit la loi, *par même jugement, » sur les demandes en dommages-intérêts* ».

On peut demander sur quels dommages le Juge de police statuera. Sera-ce sur les dommages-intérêts réclamés par la Partie plaignante ? Mais son action doit être annullée. En l'annullant, il ne doit plus en rester aucun point valable. *Quod nullum est, nullum producit effectum*. Il n'est pas possible de croire que le Législateur ait entendu tout-à-la-fois ordonner la proscription d'une action et sa validité dans un point; ce serait prêter à l'esprit de la loi une contradiction qui ne peut ni ne doit exister. Il est plus juste d'interpréter la loi ainsi : que les dommages-intérêts dont le Tribunal de police fera justice, en annullant l'action principale, sont ceux que le prévenu illégalement appelé, peut demander contre le plaignant qui a présenté mal-à-propos, comme contravention, un fait civil ou non défendu.

On pourrait objecter peut-être, contre cette explication, que si on ne peut pas appliquer de peine pour un fait non qualifié *contravention*, on peut du moins, par même jugement, statuer sur les dommages de la partie lésée, ce qui éviterait des frais et des longueurs.

A cela je répondrais qu'il faudrait, pour procéder ainsi, une autorisation formelle au Juge de police, pour connaître des faits civils. Cette autorisation serait sans doute utile, mais elle n'existe pas : je ne crois point qu'on puisse la suppléer légalement.

En effet, si le Juge de police prononce sur des dommages civils, ce n'est uniquement que lorsqu'ils sont la suite et la dépendance d'une contravention ; dans tout autre cas, les indemnités des Parties sont purement des actions civiles. Ainsi, en prononçant sur une indemnité indépendante d'une contravention, le Juge de police cumulerait la justice criminelle avec la justice civile, ce qui n'est pas permis.

Il y a mieux : si les Juges de paix peuvent connaître des indemnités pour faits civils, lorsqu'ils ne sont que juges civils, il n'en est jamais de même des maires, auxquels la loi interdit entièrement de s'immiscer dans la connaissance des actions civiles (article 166 du Code d'instruction). La loi serait donc violée, si, dans le cas rare et particulier de l'art. 159, le Maire pouvait, en annullant une action de police, statuer cependant sur l'indemnité résultant d'un fait purement civil.

Voici un modèle de jugement, dans un cas particulier, où cette seconde disposition de l'article 159 peut être appliquée. Ce cas peut même être regardé comme une espèce d'exception, ainsi que je l'expliquerai ci-après.

11.ᵉ MODÈLE.

« Entre Joseph Leroux, propriétaire, demeu-
» rant à   , demandeur, suivant citation
» de Pierre, huissier, du   de ce mois,
» dûment en forme, comparant par M.ᵉ René,
» avoué, son fondé de pouvoirs; contre Louis
» Lebrun, propriétaire, demeurant à
» comparant par M.ᵉ Jacques, avoué, son fondé
» de pouvoirs, par la citation du   , dont
» lecture a été faite en l'audience. Leroux a
» porté plainte contre Lebrun, résultant de ce
» que celui-ci s'est permis, le sept de ce mois,
» à huit heures du matin, de passer avec deux
» chevaux sur une pièce de champ située à
» commune d   ; confrontant du levant
» à   , du couchant à
» laquelle pièce appartenant au Plaignant, est
» ensemencée en froment depuis dix jours;
»   Pourquoi ledit Leroux a conclu, tant par
» sa citation qu'en l'audience, à ce que ledit
» Lebrun soit déclaré convaincu de contraven-
» tion sur le fait dont il s'agit; à ce qu'il soit
» condamné en vingt-cinq francs de dommages-
» intérêts envers lui, et aux dépens. Sauf au
» ministère public à dire et conclure ce que de
» droit, pour la vindicte publique.
»   A quoi il a été répliqué par ledit Lebrun,
» qu'il a en effet passé, avec ses deux chevaux,
» sur le champ ensemencé dudit Leroux; mais
» qu'il a le droit d'y passer, en vertu d'un acte
» de partage, passé entre les auteurs de Le-
» roux et ceux de lui défendeur, en date du
» dix-sept octobre 1747, reçu par Bonnefoi et
» son collègue, notaires; duquel acte lecture

» a été donnée par le Greffier, en l'audience.
» D'après cela, le défendeur a demandé d'être
» renvoyé absous ; que l'action du demandeur
» soit déclarée nulle, et qu'il soit condamné
» en dix francs de dommages-intérêts envers
» lui, résultant des démarches qu'il lui a occa-
» sionnées pour se consulter et obéir à Justice.

» Par le demandeur a été répliqué que le dé-
» fendeur ne peut user de sa servitude d'une
» manière préjudiciable ou différente de celle
» qui lui a été cédée. Qu'il a été fixé positive-
» ment un espace de terrain pour son passage,
» sur lequel il s'est toujours borné à passer ;
» mais que, le sept de ce mois, il a passé au
» travers de son champ ensemencé, ce qui a
» causé un dommage sensible. Et par le défen-
» deur a été ajouté que le demandeur, en la-
» bourant son champ, n'a point laissé libre le
» passage ordinaire, ce qui l'a forcé de passer
» sur le terrain ensemencé. Dans cet état, la
» cause a présenté les questions suivantes :

» *Dans le fait :* s'il y a une contravention
» commise par le défendeur ?

» *Dans le droit :* si l'action du demandeur
» doit être déclarée nulle ?

» Parties ouïes, ensemble le Commissaire près
» le Tribunal, qui a résumé l'affaire et donné
» ses conclusions ;

» Considérant que le fait de passer sur des
» terrains ensemencés, n'est point réputé con-
» travention, dès qu'il y a servitude reconnue
» envers celui qui a exercé le passage (article
» 471, 13.me paragraphe du Code pénal) ;

» Considérant que lorsque le fait ne présente
» ni délit ni contravention, la citation et tout
» ce qui s'est ensuivi, doivent être annullés ; et
» qu'il doit être statué en même temps sur les
» dommages-intérêts réclamés par le défendeur
» (article 159 du Code d'instruction),

» Le Tribunal déclare nulle la citation du
» demandeur, et le condamne aux dépens ; le
» condamne en outre en cinq francs de dom-
» mages-intérêts envers le défendeur, résultant
» des démarches qu'il lui a occasionnées. Ainsi
» instruit publiquement suivant la loi, et pro-
» noncé par M..., juge de paix de, etc. ».

On voit que l'action est annullée, parce que
le demandeur a reconnu que le défendeur avait
un droit de passage sur son terrain. Ce droit
reconnu, il s'ensuit naturellement que le défendeur n'a point commis une contravention.
Mais si, dans la même espèce, un prévenu
exceptait d'un droit de passage qui ne serait pas
reconnu par le plaignant, alors le Juge de police ne devrait point statuer sur l'exception ; il
devrait au contraire surseoir à prononcer sur
la plainte, jusqu'à ce que l'exception du droit
de passage fût jugée devant les Juges compétens.

Lorsque le fait dont plainte est portée devant
le Juge de paix, caractérise un délit ou un crime,
alors le Tribunal renvoie les Parties devant le
Procureur impérial. Ainsi le veut l'article 160
du Code d'instruction.

Ce renvoi doit contenir tout ce que contien-
drait un procès-verbal que dresserait le Juge de
police, pour constater un délit ou crime ; car
ce renvoi me paraît être, pour ce Juge, le complément de l'article 29 du Code d'instruction,
qui ordonne « à toute Autorité constituée, à
» tout Fonctionnaire ou Officier public, qui,
» dans l'exercice de ses fonctions, acquerra la
» connaissance d'un délit ou crime, d'en don-
» ner sur-le-champ avis au Procureur-impérial
» près le Tribunal dans le ressort duquel le pré-
» venu pourrait être trouvé ; et de transmettre
» à ce Magistrat tous les renseignemens, pro-
» cès-verbaux et actes qui y sont relatifs ».

On peut demander si le Tribunal de police
peut entendre les témoins présentés par l'une
ou l'autre Partie, dans une cause qui, au lieu
de simple contravention, présente un délit ou
un crime. Je suis d'avis qu'il faut établir une
distinction. Si le fait ne présente qu'un délit
correctionnel, le Juge de police doit se dispenser d'entendre les témoins, et se borner à ordonner le renvoi devant le Procureur-impérial,
parce qu'en police correctionnelle, ces témoins
seront entendus. Mais s'il s'agit d'un crime,
je crois que le Juge de police ne peut se dispenser d'entendre les témoins. Les termes dont
la loi se sert dans l'article 29 que je viens de
citer, et dans les articles 48 et 49, sont impé-
ratifs : dès-lors il n'y a rien de facultatif pour
les Juges.

Je ne donnerai point, dans ce chapitre, un
modèle de jugement de renvoi devant le Procureur-impérial, pour délit ou crime. Je crois
convenable de le placer dans le chapitre suivant;
parce que l'article 50 du Code d'instruction,
rend communes aux Maires, Adjoints et Commissaires de police, les fonctions d'Officiers
auxiliaires du Procureur-impérial, dans les cas
de flagrant délit, ou de requisition d'un chef de
maison.

CHAPITRE XII.

Formes de procéder devant les Maires.

Les formes de procéder devant les Maires, sont
à-peu-près les mêmes que devant les Tribunaux
de police des Juges de paix ; cependant il y a
quelque chose de plus simple.

Le Maire juge seul les contraventions, qui,
en petit nombre, lui sont attribuées par la loi,
suivant le détail que j'en ai précédemment fait;
mais il ne peut prononcer qu'après avoir entendu
son Adjoint, auquel la loi délègue la belle fonction du ministère public. Il y aurait nullité dans
le jugement du Maire, et même lieu à cassation,
toutes les fois que l'Adjoint n'aurait pas donné
ses conclusions.

Il n'en est pas ainsi quand le Maire exerce les
fonctions d'Officier de police judiciaire; il cons-
tate les contraventions, les délits et les crimes,
sans le concours de son Adjoint.

Quand le Maire est absent, ou s'il ne peut
connaître d'une contravention dont plainte lui
est portée, il est remplacé par l'Adjoint, qui
alors devient Juge de police ; et de son côté
l'Adjoint est remplacé dans ses fonctions par un
membre du Conseil municipal. Ce membre est
désigné par le Procureur-impérial, pour une
année (article 167).

Pour que l'Adjoint puisse légalement juger en
remplacement du Maire, on doit observer trois
choses : la première que le Maire déclare son
empêchement; la seconde que l'Adjoint, devenu
juge, déclare expressément qu'il prononce pour
l'empêchement ou l'absence du Maire ; et la

troisième, que le membre du Conseil municipal suppléant l'Adjoint, déclare aussi qu'il exerce le ministère public en remplacement de l'Adjoint. L'omission d'une seule de ces choses emporterait la nullité du jugement.

Les fonctions de Greffier sont exercées, près du Maire, par un citoyen qu'il propose, et qui prête serment en cette qualité au Tribunal de police correctionnelle (article 168).

Le sujet proposé par le Maire doit être de bonnes vie et mœurs, et avoir un certain degré d'instruction, pour remplir ses fonctions avec intelligence. Il doit être âgé de 25 ans au moins.

Trois questions se présentent, relatives au Greffier d'un Maire. Ce Greffier est-il nommé à vie ? Peut-il être révoqué par le Maire ? Le Tribunal correctionnel peut-il refuser le serment d'un sujet proposé pour Greffier de Maire.

Je ne vois aucune raison pour penser que le Greffier proposé par le Maire, et assermenté au Tribunal correctionnel, soit inamovible ; la loi ne le dit en aucune manière, et dès-lors on doit regarder que ce Greffier n'est pourvu que de fonctions temporaires. Un Fonctionnaire n'exerce jamais une fonction à vie, sans que la loi lui en ait positivement accordé le droit.

Ce Greffier peut-il être révoqué par le Maire ? Je ne fais aucun doute pour l'affirmative de cette question. Ce Greffier n'est, à proprement parler, que le secrétaire du Maire, pour la police : c'est lui qui le propose ; il peut par conséquent retirer sa proposition ou sa nomination, dès que par de justes motifs (dont il ne doit compte à personne), il reconnaît qu'il a été trompé dans son choix.

Cette opinion me paraît d'autant mieux fondée que, tant que les Juges de paix ont nommé eux-mêmes leurs Greffiers, ils ont constamment eu le droit de les révoquer à volonté. D'ailleurs la loi nouvelle assimile, pour leurs émolumens, ces Greffiers de Maires aux Greffiers de paix ; pourquoi ne les assimilerait-on pas encore à ceux-ci, sous le rapport de la révocation à laquelle ils étaient assujettis tant qu'ils ont été nommés par leurs Juges.

Je pense aussi affirmativement sur la troisième question, que les Juges correctionnels peuvent refuser le serment d'un Greffier proposé par le Maire. Si les Juges supérieurs reconnaissent de l'incapacité ou de l'immoralité dans le sujet présenté, ils font un acte de justice en empêchant un tel individu d'exercer des fonctions publiques. La loi, au lieu de leur interdire ce droit, me semble leur laisser la liberté d'examiner le sujet présenté, en disant que le Maire proposera ce sujet. Or, dès que le Maire ne fait que proposer, il y a un autre pouvoir qui approuve, confirme ou rejette la proposition. Cet autre pouvoir, quel peut-il être, si ce n'est le Tribunal commis pour recevoir le serment du Greffier ?

Près le Maire il n'y a point d'huissier. Les premiers actes de la procédure pourront être faits par le Maire lui-même. Les citations aux Parties et aux témoins sont réduites à un simple avertissement du Maire. Ainsi, à la première réflexion, ce Juge-Maire paraît être tout-à-la-fois l'agent qui exécute et qui prononce.

Il n'en est cependant point ainsi : si la loi permet au Maire de citer lui-même et devant lui-même, par avertissement, les témoins et les contrevenans, c'est uniquement pour simplifier les formes. Mais elle a statué, par une disposition expresse, que l'exécution des jugemens du Maire appartient au ministère public (art. 165 du Code d'instruction). J'établirai, dans le chapitre suivant, quels modes les Adjoints pourront employer dans l'exécution des jugemens.

La procédure devant le Maire commence par un simple avertissement émané de lui-même. Comment et par qui sera porté cet avertissement ? Si le délinquant ne comparaît pas , et que sur l'appel du défaut prononcé par le Maire, ou sur l'opposition, il soutienne n'avoir pas reçu l'avertissement , comment pourra-t-il être convaincu ? Si des témoins méprisent l'avertissement du Maire et le nient , comment s'assurer qu'ils ont été appelés ? Leur infligera-t-on l'amende et la contrainte par corps , sans être certain qu'ils ont été mis en demeure de paraître ?

Je ne pense point que le Maire doive porter au délinquant son avertissement ; cela ne serait ni de la dignité d'un Juge de police , ni agréable pour un Maire. Mais s'il fait porter son avertissement par un commissionnaire ou par un Garde-champêtre , pourra-t-il toujours s'assurer que son agent aura fidèlement remis la citation. Ce porteur , qui n'exercera dans cette remise aucune fonction publique , qui n'aura point le droit d'en être cru sur parole , ni même sur son serment , qui ne dressera , ni ne pourra dresser un acte de la remise de l'avertissement , sera-t-il appelé à l'audience pour répondre au prévenu qui niera la réception de l'avertissement ? Et devra-t-il en être cru plutôt que le témoin ou le prévenu ?

Quand d'ailleurs le Maire aurait la conviction intime que son avertissement aurait été porté , cette conviction ne passerait pas également dans la conscience des Juges d'appel. Il me paraît donc nécessaire , pour éviter tous ces inconvéniens , d'autant plus fâcheux qu'ils ne pourraient que jeter les Juges dans une inquiétante perplexité , de constater la remise de l'avertissement du Maire , soit au délinquant , soit au témoin.

C'est ce qui me paraît pouvoir être fait avec un caractère d'authenticité et sans frais, ainsi que le veut la loi. Il suffit au Maire de charger son Greffier assermenté de remettre son avertissement, et d'en certifier la remise au pied d'icelui. Alors l'avertissement est donné légalement ; il est prouvé qu'il a été remis, soit au prévenu, soit au témoin ; ni l'un ni l'autre ne pourront en nier la remise. Par cette méthode, simple et facile, tous les inconvéniens que j'ai pressentis disparaissent entièrement.

On me dira peut-être que c'est établir ici une espèce de disposition législative, en donnant à un Greffier de Maire une fonction que la loi ne lui donne pas. Cette objection ne serait point fondée. Je suis loin de m'ériger en législateur : je propose une vue utile, simple, sans inconvéniens. Je fais ce qu'un Commentateur doit faire : des comparaisons, des développemens et des méthodes pour l'exécution de la loi. Je fais enfin ce que le Juge lui-même est obligé de faire, à peine de prévarication, *de prononcer, même en cas de silence de la loi.*

Le mode que je propose ici sur le silence de la loi, a déjà l'autorité ancienne pour lui : car la loi avait nommément investi, il y a peu d'années, les Greffiers des Maires, du droit de remettre les cédules des Juges de paix (loi du 24 août 1790); et ils ont exercé ce droit jusqu'à l'établissement des Huissiers près les Juges de paix. J'ai dû, d'après cela, avoir quelque confiance dans ma proposition, et la présenter comme un mode d'exécution tout-à-la-fois reconnu nécessaire, et précédemment approuvé par le Législateur.

12.ᵉ MODÈLE.

Avertissement du Maire au Prévenu.

" Le Maire de Nieul, jugeant en simple police,
„ cite Jacques, voiturier, demeurant à Nieul,
„ à comparaître à l'audience de police qui
„ tiendra le   de ce mois,   heures
„ du   , dans la maison commune de Nieul,
„ pour répondre à la plainte portée contre lui
„ par Pierre, vigneron, résidant en cette même
„ commune de Nieul; sur ce que ledit Jacques
„ est prévenu d'avoir, le   de ce mois,
„ heures du   , laissé passer sa voiture sur la
„ lisière de la vigne de Pierre, située au tene-
„ ment de   ; confrontant du levant à
„ du couchant à   , ce qui a occasionné du
„ dommage à plusieurs ceps de ladite vigne, et
„ ce qui a eu lieu par la négligence dudit Jac-
„ ques, en ne se tenant pas à la portée de ses
„ chevaux pour les guider. Pour réparation de
„ quoi Pierre a conclu en quinze francs de
„ dommages - intérêts, et aux dépens, contre
„ ledit Jacques. En cas de non comparution
„ de la part de ce dernier, il sera jugé par
„ défaut.   Donné à la Maison commune de
„ Nieul, le février 1811.   C..., *maire.*
„ Notifié et remis le présent avertissement,
„ par moi Greffier soussigné, audit Jacques,
„ en son domicile, et parlant à
„ A Nieul, cedit jour   février 1811 ,,.
V..., *greffier.*

Si cette déclaration du Greffier n'était faite
que sur l'avertissement remis au délinquant, on
sent que les inconvéniens que j'ai prévus reste-
raient les mêmes; mais il faut „ ou que l'avertissement du Maire soit double, et alors le
Greffier fera sa déclaration sur l'un et l'autre
double; ou il faut que le Greffier fasse un

certificat séparé de celui de l'avertissement. Un
de ces doubles, ou le certificat séparé du Greffier, sera la pièce probante qui, remise à
l'Adjoint, ou à la Partie poursuivante, justifiera
en première instance comme sur l'appel, que
le prévenu a été légalement appelé.

Il faut observer que l'avertissement doit être
donné au moins vingt-quatre heures avant l'audience : c'est ainsi que la citation est donnée au
Tribunal de police du Juge de paix ; et la loi
n'établit point d'autres délais pour procéder devant les Maires. Il est vrai que dans les cas urgens, le Juge de paix peut abréger les délais
ordinaires ; mais je pense que cette faculté n'est
point commune aux Maires. 1.º La loi ne l'accorde qu'aux Juges de paix seuls et nommément;
2.º les délais ne peuvent être abrégés que par
une cédule, et les Maires ne peuvent en délivrer;
3.º l'article 146, qui accorde cette faculté d'a-
bréger les délais, n'est point déclaré commun
aux Maires, par l'article 171, qui détermine
toutes les formes qui leur sont communes avec
les Juges de paix.

Le même délai de 24 heures, pour appeler
les témoins, doit être également observé. La
loi ne le dit cependant pas ; mais il y a même
raison de suivre le délai déjà fixé pour appeler
la Partie prévenue.

Voici une formule d'avertissement à témoin:

13e. MODÈLE.

„ Le Maire de Lagord cite N...... B........,
„ cultivateur, demeurant à la Dessenderie, en
„ cette commune de Lagord, à comparaître
„ le   de ce mois,   heures du   , à l'audience
„ de police, qui tiendra à la maison commune
„ de Lagord, pour faire sa déposition sur les
„ faits portés par la plainte de R. C. ; de laquelle

il

„ il sera donné lecture. Enjoint audit N. B. de
„ comparaître sous peine d'amende. Donné à la
„ Mairie de Lagord, le   février 1811.

P..., maire.

„ Je soussigné, Greffier du Maire de Lagord,
„ ai délivré le présent avertissement audit N. B.,
„ en sa maison, cedit jour   février 1811, en
„ parlant à   „.

Aux jour et heure fixés par l'avertissement,
le Maire donne son audience publique ; il entend les Parties et les témoins. Le demandeur
est d'abord entendu et prend ses conclusions ;
lecture est faite de la plainte ou du procès-
verbal, s'il y en a : le défendeur propose alors
ses défenses ; le plaignant peut y répondre.
L'adjoint ensuite résume l'affaire, et donne
ses conclusions, soit pour l'application de la
peine, soit pour l'absolution du prévenu, soit
pour une mesure préparatoire. Le prévenu a le
droit de répondre à l'Adjoint ; enfin, le Juge
prononce, établit les questions de la cause,
motive son jugement, énonce ses dispositions,
et y insère les termes de la loi qu'il applique, à
peine de nullité. Voici un modèle de jugement
contradictoire sur la simple discussion des Parties, et sans audition de témoins.

14e. M O D È L E.

" Napoléon , etc.
„ Entre Philippe Juste, marchand, demeu-
„ rant à   , comparant en personne ;
„ contre Charles Lebon, aussi marchand, de-
„ meurant à   . Par avertissement du Maire
„ d   , en date du   de ce mois, notifié
„ le même jour, ledit Philippe Juste a porté
„ plainte contre Lebon, sur ce que celui-ci
„ a, dit-il, cueilli, ledit jour, cinq heures
„ du matin, les fruits d'un cerisier appartenant

I

„ au requérant , situé dans une pièce de terre
„ joignant sa maison de campagne de Monplaisir,
„ en cette commune ; lesquelles cerises il a
„ mangées , en tout ou partie , sur le lieu.

„ Pour réparation de quoi ledit Philippe Juste
„ a conclu à ce que ledit Lebon soit déclaré
„ convaincu du fait ci-dessus , et condamné en
„ quinze francs de dommages - intérêts et aux
„ dépens.

„ Le demandeur comparaissant a fait donner
„ lecture de sa plainte , et a persisté dans ses
„ conclusions.

„ Le défendeur a aussi comparu et a dit pour
„ défenses , que le fait qui lui est imputé est
„ vrai en partie ; qu'il a en effet cueilli quel-
„ ques cerises au cerisier du demandeur ; mais
„ qu'il l'a fait en si petite quantité, qu'il ne pense
„ pas que le demandeur puisse en avoir souffert
„ aucun préjudice. Que d'ailleurs il soutient
„ qu'il n'a point commis une action répréhen-
„ sible par la police ; et qu'enfin, s'il doit des
„ dommages-intérêts , il offre de les payer.

„ A quoi le demandeur a repliqué : que le
„ défendeur n'a pas eu plus de droit de cueillir
„ une petite quantité de ses cerises qu'une
„ grande quantité. Que quoi qu'il en dise, il a
„ mangé beaucoup desdites cerises , et qu'au
„ surplus ce fait est une contravention de po-
„ lice ; pourquoi le demandeur a persisté en sa
„ demande.

„ *Question de fait.* — Lebon a-t-il cueilli ou
„ mangé , sur le lieu , des cerises appartenant
„ au demandeur ?

Question de droit. — Ce fait est - il qualifié
„ *contravention ?* La plainte est-elle justifiée ?

„ Parties ouïes, ensemble l'Adjoint du Maire,
„ qui a résumé l'affaire, et donné ses conclusions;
„ Considérant que les aveux de Lebon sont

,, suffisans pour regarder la plainte entièrement
,, justifiée ;

,, Considérant que l'article 471 du Code pé-
,, nal, 9ᵉ. paragraphe, a qualifié *contravention*
,, le fait de cueillir ou manger, sur le lieu, des
,, fruits appartenant à autrui ;

,, Le Maire, jugeant en première instance,
,, déclare Lebon convaincu de contravention
,, pour le fait dont il s'agit ; pour réparation de
,, quoi, condamne ledit Lebon en trois francs
,, de dommages-intérêts, envers le demandeur,
,, et en outre aux dépens, taxés à
,, non compris le coût et levée du présent juge-
,, ment, et frais d'exécution d'icelui, auxquels
,, ledit Lebon demeure condamné pareillement.
,, Faisant droit sur les conclusions du Ministère
,, public, condamne Lebon en une amende de
,, deux francs, en vertu de l'article 471 du Code
,, pénal, 9ᵉ. paragraphe, conçu en ces termes
(*ici il faut copier le texte de la loi*).

,, Ainsi a été publiquement instruit et pro-
,, noncé par B..., maire d   , audience
,, tenant en la Maison commune, ce jour
,, mai 1812. Signé à la minute : B..., *maire*,
,, et K..., *greffier*.

,, Mandons et ordonnons, etc ,,.

Il peut arriver que l'humeur, ou quelque
passion, porte un plaignant à donner légère-
ment une plainte. S'il ne peut la justifier, soit
par un procès-verbal, soit par des témoins, il
doit en être débouté *ipso facto*. Il en doit être
de même d'ailleurs, quelque vraisemblables
que seraient les faits, et quelque confiance que
pourrait inspirer le plaignant ; car personne ne
peut jamais être cru, en justice de police, sur
sa simple allégation. La loi, ainsi que je l'ai déjà
dit, exige impérieusement que toute contravention soit justifiée, ou par procès-verbal, ou par
témoins.   I 2

Je crois convenable de donner un modèle de jugement qui déboute un demandeur de sa plainte.

15.e MODÈLE.

„ NAPOLÉON , etc. Entre Sébastien, cultiva-
„ teur, demeurant à   ; contre Alphonse,
„ demeurant à   , comparant l'un et l'autre
„ en personne.
„ La cause a été publiquement instruite de
„ la manière suivante : il a été donné lecture,
„ par le Greffier, d'un avertissement du Maire,
„ du   de ce mois , par lequel Alphonse est
„ cité à comparaître à cette audience , sur la
„ plainte portée par Sébastien , que ledit Al-
„ phonse a , le de ce mois , heures du
„ jetté , du haut de la fenêtre de sa maison ,
„ sur Sébastien , qui passait dans la rue , de
„ l'eau sale et infecte , ce qui a taché son habit ;
„ pourquoi Sébastien a conclu à ce que Al-
„ phonse soit déclaré convaincu de cette con-
„ travention , et condamné envers lui en quinze
„ francs de dommages-intérêts , et aux dépens.
„ Le défendeur , pour défenses, a dit , que le
„ fait qui lui est imputé est faux, parce qu'il
„ n'a point jetté , les jour et heure désignés par
„ la plainte, ni dans un autre moment, de l'eau
„ mal propre et corrompue sur les habits de
„ Sébastien ; que sans doute ce dernier a fait
„ erreur dans sa plainte , et que d'ailleurs il
„ dénie positivement le fait. A quoi le Plaignant
„ a répondu qu'il n'a point fait une méprise ;
„ qu'il a vu parfaitement Alphonse, qu'il con-
„ naît bien , jetter sur lui l'eau sale dont il est
„ cas ; qu'il offre même d'affirmer le fait pré-
„ sentement ; et qu'étant un homme digne de
„ foi , son serment doit être admis.
„ Et par le défendeur a été repliqué , que le

„ serment offert par le demandeur n'est point
„ admissible ; qu'il doit justifier sa plainte , si-
„ non en être débouté.

„ *Point de fait* : Le défendeur a-t-il jetté sur
„ les habits du demandeur, des choses de nature
„ à nuire par leur chute ?

„ *Point de droit* : Y a-t-il contravention jus-
„ tifiée ? L'affirmation offerte doit - elle être
„ admise ?

„ Parties ouïes, ensemble l'Adjoint du Maire ,
„ qui a résumé l'affaire , et donné ses conclu-
„ sions , tendantes au jugement suivant :

„ Considérant qu'il n'est aucunement justifié
„ que le Prévenu ait jetté , le jour coté par la
„ plainte, de l'eau mal propre sur le Plaignant ;

„ Considérant que toute plainte doit être jus-
„ tifiée , pour être admise , soit par témoins ,
„ soit par écrit ;

„ Considérant que la loi ne permet pas de
„ recevoir l'affirmation du Plaignant ; le Maire ,
„ jugeant en première instance, déboute Sébas-
„ tien de sa plainte ; renvoie Alphonse absous ,
„ et condamne ledit Sébastien aux dépens. Ce
„ qui sera exécuté suivant la loi. Ainsi prononcé
„ par S. L..., maire d   , audience publique,
„ tenant dans la Maison commune , ce
„ 1812. Signé à la minute , etc.

„ Mandons et ordonnons , etc „.

Si les Parties amènent des témoins , ils sont
entendus après les conclusions , défenses et re-
pliques des Parties ; ils sont interrogés de leurs
noms , prénoms , âges , professions et demeures,
et s'ils sont parens, au degré prohibé , du Prévenu. Ensuite ils prêtent serment devant le
Maire , de dire *la vérité* et rien que *la vérité* ;
enfin ils font leurs dépositions en présence des
Parties , et séparément les uns des autres.

Toutes ces formes sont contenues dans le mo-

dèle de jugement que je vais donner. Ce jugement présentera , de plus , un cas où le Maire
prononce en dernier ressort ; ce qu'il peut faire
toutes les fois que les amendes, restitutions ou
dommages n'excèdent pas cinq francs.

Pour fixer la valeur de ces choses , on réunit
la somme qui a été demandée par les conclusions
du demandeur , à celle que le Juge fixe pour
l'amende.

Il faut aussi , pour regarder un jugement en
dernier ressort , qu'il ne prononce pas la peine
d'emprisonnement ; car lorsque cette peine est
appliquée , le jugement n'est jamais qu'en première instance. C'est de quoi je parlerai plus
amplement dans le chapitre XIV ci-après.

16.ᵉ MODÈLE.

" Entre Jeanne, veuve de Joseph , aubergiste,
„ demeurant à   , comparant en personne,
„ contre Moïse Jérôme , charretier, demeurant
„ à   , comparant aussi en personne.

„ Instruction publique de la cause a été faite
„ ainsi qu'il suit :

„ Par avertissement du Maire de cette com-
„ mune, d   , notifié le   de ce mois,
„ audit Jérôme, la veuve Joseph s'est plaint de
„ ce que le   de ce mois,   heures du soir,
„ Jérôme a placé, sur la voie publique, devant
„ la porte de sa maison , deux voitures vides ,
„ ce qui embarrasse tout-à-la-fois la voie pu-
„ blique et l'entrée de sa maison.

„ En conséquence, la veuve Joseph a conclu,
„ contre Jérôme, à ce qu'il soit déclaré convaincu
„ de contravention pour le fait dont il s'agit,
„ et condamné envers elle , en trois francs de
„ dommages-intérêts , applicables aux pauvres
„ de cette commune , et en outre aux dépens.

„ Jérôme a comparu , et pour défenses a dit,

,, que ce n'est point lui qui a déposé les deux
,, voitures sur la voie publique, devant la porte
,, de la maison de la demanderesse ; pourquoi
,, il a demandé d'être renvoyé absous et sans
,, dépens.

,, Et par la veuve Joseph a été répondu,
,, qu'elle offre prouver les faits dont elle se
,, plaint, par des témoins présens à l'audience,
,, dont elle a demandé l'audition. Ce que le
,, Tribunal ayant autorisé, les témoins suivans
,, ont été introduits : 1.° Jean Fèvre, laboureur,
,, âgé de 25 ans, demeurant à   ; 2.° Phi-
,, lippe Auguste, tapissier, âgé de 30 ans,
,, demeurant à   , etc. Ces témoins inter-
,, pellés de déclarer s'il sont parens ou alliés,
,, au degré prohibé, de l'une ou de l'autre Par-
,, tie ont répondu négativement : après quoi ils
,, ont individuellement et séparément juré de
,, dire toute *la vérité*, rien que *la vérité*. Ce
,, serment prêté, les témoins ont fait leurs dé-
,, positions aussi séparément, le tout en pré-
,, sence des Parties.

,, Ces dépositions ont consisté à dire que les
,, jour et heure désignés dans la plainte, les
,, témoins ont vu Jérôme déposer sur la voie
,, publique, une voiture à deux roues et une
,, autre à quatre roues, près la porte d'entrée
,, de la maison de la veuve Joseph.

,, Dans cet état, les Parties ont été respecti-
,, vement entendues dans leurs moyens et dé-
,, fenses.

,, *Point de fait* : Jérôme a-t-il embarrassé la
,, voie publique ?

,, *Point de droit* : La contravention est - elle
,, justifiée ? Y a-t-il lieu de prononcer en dernier
,, ressort ?

,, Parties ouïes, ensemble l'Adjoint du Maire,
,, qui a donné ses conclusions, et résumé la
,, cause;

„ Considérant·que les dépositions des témoins
„ justifient unanimement la contravention dont
„ se plaint la veuve Joseph ;

„ Considérant que l'amende applicable à
„ cette contravention, peut être graduée d'un
„ franc à cinq francs, et que dès-lors la cause
„ peut être jugée en dernier ressort, puisque
„ les conclusions de la partie civile ne sont
„ fixées qu'à trois francs,

„ Le Maire, jugeant en dernier ressort, dé-
„ clare Jérôme convaincu de la contravention
„ dont il est cas : pour réparation de quoi
„ condamne ledit Jérôme en deux francs de
„ dommages-intérêts envers la demanderesse,
„ et aux dépens, taxés à 75 centimes, non com-
„ pris le coût du présent jugement, auquel
„ Jérôme est pareillement condamné. Faisant
„ droit sur les conclusions du Ministère public,
„ condamne aussi ledit Jérôme en une amende
„ d'un franc, en vertu de l'article 471 du Code
„ pénal, 4.e paragraphe, conçu en ces termes
„ *(ici il faut copier les termes de la loi)*. Ainsi
„ prononcé par D..., maire d   , audience
„ publique, tenant dans la Maison commune,
„ le   1811. Signé à la minute D..., *maire,*
„ et Z..., *greffier* „.

Si un ou plusieurs des témoins sont reprochés,
et si les reproches sont admis par la loi, la forme
du jugement qui devra, en ce cas, être suivie,
sera celle du modèle de jugement n.° 7, qui rejette un témoin. Mais si, au contraire, les témoins
ne sont pas valablement reprochés, c'est-à-dire
s'ils ne sont pas parens ou alliés, au degré prohibé
par l'article 156 du Code d'instruction, le Maire
pourra se servir du modèle n.° 8, quidéclareles
reproches inadmissibles.

Il arrive quelquefois que les Parties soutiennent
respectivement des faits contraires, dont elles

offrent preuves , sans avoir amené à la même audience les témoins qu'elles veulent faire entendre. Dans ce cas , si la preuve testimoniale est admissible, le Maire ordonne que cette preuve sera faite. Son jugement doit préciser les faits qui divisent les Parties , et indiquer les jour et heure où les témoins seront entendus. Voici un modèle d'un pareil jugement :

17.ᵉ M O D È L E.

" Entre Christophe , farinier , demeurant à
„   , comparant en personne ; contre
„ Nicolas , laboureur , demeurant à   ,
„ comparant aussi en personne.

„ Le demandeur a porté plainte contre Nico-
„ las , sur ce que celui-ci a , dit-il , jetté des
„ immondices , pierres et autres corps durs , en
„ grande quantité , dans ses clos et jardin , le
„ quinze de ce mois , au soir.

„ Pour réparation de quoi il a conclu en
„ quinze francs de dommages - intérêts contre
„ ledit Nicolas , et aux dépens.

„ Lecture faite de l'avertissement du Maire ,
„ contenant la plainte , le défendeur a proposé
„ ses défenses et a dit , qu'il dénie d'avoir jetté
„ des pierres , des immondices et d'autres corps
„ durs dans les clos et jardin du demandeur.

„ A quoi celui - ci a repliqué qu'il offre de
„ faire la preuve des faits qui ont motivé sa plainte.

„ *Point de fait* : des immondices ou des corps
„ durs ont-ils été jettés dans les clos et jardin
„ du demandeur, le 15 de ce mois , au soir, par
„ le prévenu ?

„ *Point de droit* : le fait est-il réputé contra-
„ vention ? La preuve testimoniale est - elle
„ admissible ?

„ Parties ouïes , ensemble l'Adjoint du Maire
„ en ses conclusions ,

,, Le Maire, jugeant en première instance,
,, considérant que les parties sont formellement
,, contraires en faits ; considérant que le fait
,, allégué par le demandeur, est qualifié *con-*
,, *travention*, et que la preuve testimoniale en
,, est admissible d'après la loi.

,, Avant de faire droit, et sans nuire ni préju-
,, dicier aux Parties, le Maire ordonne que le
,, demandeur fera preuve, par témoins, à son
,, audience du   de ce mois, des faits dont il
,, se plaint. A laquelle audience les deux Parties
,, comparaîtront sans citation ; sinon sera fait
,, droit, dépens réservés. Ainsi prononcé par
,, N..., maire d   , etc. (suivre la fin du
,, du modèle n.º 16) ,,.

Après un semblable jugement, le Maire dé-
livre des avertissemens aux témoins, qui sont
notifiés par le Greffier, 24 heures avant l'audience indiquée pour leur audition. Si, à cette
audience, l'une des Parties ne comparaît pas,
le Maire jugera par défaut contre la Partie dé-
faillante. Si c'est le défendeur qui est absent,
le Maire adjugera au demandeur ses conclusions,
et appliquera au défendeur la peine portée par
la loi. Si c'est le demandeur qui ne comparaît
pas, alors il le déboutera de sa plainte, sans
entendre les témoins, à moins que le Ministère
public ne requît leur audition, auquel cas il
doit y procéder comme je le dirai ci-après.

Il peut se faire que, dans ce dernier cas, le
demandeur soit débouté de sa plainte, et que
cependant le prévenu soit condamné à une peine.
En effet, si le demandeur ne comparaît pas,
pour demander l'adjudication de ses conclusions, le Juge ne peut accorder ce qui n'est pas
demandé ; autrement il jugerait *ultrà petita*,
ce qui serait une nullité et même un moyen de
cassation. Le demandeur, par sa non compa-

rution, est censé avoir renoncé à ses dommages-
intérêts; mais si, par les dépositions des témoins,
l'accusé est convaincu, alors le Ministère public
a le droit de requérir l'application de la loi.

En général, toutes les fois que la Partie citée
ne comparaît pas, soit à une seconde, soit à
une première audience, elle doit être jugée par
défaut (article 149 du Code d'instruction). Ce
jugement est susceptible d'opposition. (Voyez
suprà, chapitre X, pages 92 et 93).

Je dois donner des formules particulières de
ces différens jugemens par défaut, qui exigent
aussi une instruction publique et particulière,
à peine de nullité. Je pense d'ailleurs qu'il est
convenable de tracer la marche entière de la
procédure devant les Maires.

18.e MODÈLE.

Jugement par défaut, pur et simple, contre
un Prévenu.

" NAPOLÉON, par la grace de Dieu, Empe-
,, reur, etc.

,, Entre Jacques Vilain, demeurant à Mouille-
,, pied, commune de Dompierre, demandeur et
,, comparant en personne, contre Louis Lepetit,
,, farinier, demeurant aux Rivières, en cette
,, même commune, défendeur, et défaillant
,, faute de comparoir. Suivant l'avertissement
,, du 17 de ce mois, délivré par le Maire de
,, Dompierre, notifié par son Greffier, le même
,, jour, Jacques Vilain a porté plainte contre
,, Lepetit, sur ce que, le 16 de ce mois, huit
,, heures du matin, ce dernier a laissé entrer
,, et courir deux de ses chevaux dans la maison
,, dudit Vilain, ce qui a occasionné quelques
,, dommages à ses meubles, et causé beaucoup
,, de frayeur aux enfans du demandeur. Pour
,, réparation de quoi ce dernier a conclu contre

„ le défendeur, en quinze francs d'indemnité,
„ et aux dépens , sauf au Ministère public à
„ requérir l'application de la peine.

„ Lecture faite par le Greffier, en l'audience,
„ de l'avertissement donné au défendeur , et
„ icelui appelé plusieurs fois , il n'a point
„ comparu.

„ *Dans le fait*, il s'agit de savoir si les faits
„ dont se plaint le demandeur , ont été réelle-
„ ment commis par le prévenu ?

„ *Dans le droit :* y a-t-il contravention ? La
„ loi permet-elle de juger le défaillant par défaut?

„ Ouï le demandeur, qui a requis l'adjudica-
„ tion de ses conclusions ; ensemble l'Adjoint
„ du Maire , qui a résumé l'affaire , et conclu
„ aux dispositions suivantes :

„ Attendu que le défendeur ne se présente
„ point pour contester les faits qui lui sont im-
„ putés ; attendu que cette non comparution
„ fait présumer la vérité du fait imputé au dé-
„ fendeur , et que ce fait est qualifié *contraven-*
„ *tion* ; attendu enfin que la loi permet de juger
„ la cause par défaut ,

„ Le Maire , jugeant en première instance,
„ donne défaut , faute de comparoir, contre
„ Louis Lepetit ; et pour le profit , le déclare
„ convaincu de contravention , pour avoir fait
„ ou laissé entrer deux de ses chevaux dans la
„ maison habitée par Vilain et sa famille. Pour
„ réparation de quoi condamne Louis Lepetit
„ en quinze francs de dommages-intérêts envers
„ le défendeur , et aux dépens, taxés à soixante-
„ dix-sept centimes , non compris le coût du
„ présent jugement et sa mise à exécution , à
„ quoi ledit Lepetit demeure aussi condamné.
„ Faisant droit sur les conclusions de l'Adjoint,
„ condamne le défendeur , pour la vindicte
„ publique , en une amende de six francs , en

„ vertu de l'article 475 du Code pénal , 4.ᵉ pa-
„ ragraphe , conçu en ces termes : sont punis
„ d'amende depuis six francs jusqu'à dix inclu-
„ sivement , 1.° ceux, etc. ; 4.° ceux qui au-
„ ront fait ou laissé courir les chevaux , bêtes
„ de trait , de charge ou de monture , dans
„ l'intérieur d'un lieu habité. Ce qui a été ins-
„ truit publiquement et ainsi jugé , par Marc
„ Jean , maire de Dompierre , audience tenant
„ dans la Maison commune , le 19 mars 1811.

„ La minute du présent est signée M. J... ,
„ *maire* , et Q... , *greffier.*

„ Mandons et ordonnons , etc „.

19.ᵉ MODÈLE.

Jugement par défaut , sur audition de témoins ,
contre un prévenu.

" Entre   , demeurant à   , compa-
„ rant en personne ; contre   , demeurant
„ à   , qui n'a point comparu. Le de-
„ mandeur a conclu , tant en l'audience que
„ par sa plainte , portée par avertissement du
„   de ce mois , à ce que le défendeur soit
„ condamné en quinze francs de dommages-
„ intérêts envers lui , résultant de la contra-
„ vention qu'il s'est permise à son égard , en
„ faisant... (ici il faut énoncer le fait avec ses
„ circonstances) ; il a en outre conclu aux
„ dépens.

„ A l'audience du   de ce mois , la cause
„ appelée , le défendeur ayant comparu , a
„ dénié le fait qui lui est imputé ; et sur l'offre
„ d'en faire preuve , faite par le demandeur ,
„ le Maire a ordonné que cette preuve serait
„ faite à cette présente audience , à laquelle les
„ Parties comparaîtraient sans citation préalable.

„ En exécution de ce jugement , le deman-
„ deur a fait donner avertissement , le - de ce

,, mois , notifié par le Greffier , savoir : 1.° à
,, Joseph , cultivateur , demeurant à   ,
,, âgé de   ; 2.° à Jean , menuisier , demeu-
,, rant à   , âgé de   ; 3.° et à Pierre ,
,, boucher, demeurant à   , pour
,, déposer , comme témoins , sur le fait imputé
,, au défendeur.

,, Lecture faite de la plainte , par le Greffier,
,, le défendeur a été appelé plusieurs fois, mais
,, il n'a point comparu. Les témoins s'étant pré-
,, sentés, ils ont, séparément les uns des autres,
,, déclaré qu'ils ne sont point parens de l'une ou
,, l'autre partie , au degré prohibé par la loi.
,, Ils ont ensuite juré , par serment , de dire *la*
,, *vérité*, et *toute la vérité*. Enfin, ils ont fait
,, séparément leurs dépositions en présence du
,, demandeur.

,, Ces dépositions ont été faites comme il suit
,, (ici il faut énoncer sommairement les dépo-
,, sitions).

,, L'audition des témoins terminée, le de-
,, mandeur a persisté dans ses conclusions et en
,, a requis l'adjudication.

,, Ouï le demandeur , ensemble l'Adjoint du
,, Maire, qui a résumé l'affaire , et donné ses
,, conclusions ,

,, Le Maire d   , considérant que le
,, défendeur ne comparaît pas, et qu'il doit être
,, présumé abandonner les dénégations par lui
,, faites à la première audience ;

,, Considérant que les dépositions des témoins
,, entendus , sont probatives du fait dont le
,, demandeur se plaint ,

,, Donne défaut, faute de comparoir, contre
,, le défendeur ; et pour le profit, le déclare
,, convaincu du fait qui lui est imputé. Pour
,, réparation de quoi le condamne en quinze
,, francs de dommages-intérêts envers le de-

„ mandeur , et aux dépens , taxés à   , non
„ compris le coût et levée du présent jugement.

„ Faisant droit sur les conclusions du Minis-
„ tère public , condamne le défendeur en six
„ francs d'amende envers l'État , en vertu de
„ l'article   du Code pénal , paragraphe ,
„ conçu en ces termes (ici il faut insérer le texte
„ de la loi). Ainsi prononcé par N... , maire
„ de la commune d   , et par lui instruit
„ publiquement dans son audience , tenue à la
„ Maison commune , ce   avril 1811.

„ Signé à la minute N... , *maire* , et P... ,
„ *greffier*. Mandons et ordonnons , etc „.

Dans ce modèle j'ai supposé que les témoins
entendus avaient déposé d'une manière con-
cluante contre le prévenu défaillant ; mais s'il
arrivait que ces dépositions ne seraient pas
telles , il faudrait supprimer le *considérant* qui
le déclare , et le remplacer par un autre , qui
énoncerait le sommaire des dépositions , telles
qu'elles seraient.

S'il arrivait que ces témoins déclarassent n'a-
voir aucune connaissance du fait , alors le Maire
motiverait son jugement , tant par le premier
considérant , qui présume que le défendeur a
abandonné ses dénégations , que par celui-ci :
« considérant que la loi ordonne de juger , par
» défaut , tout prévenu qui ne comparaît pas ,
» donne défaut , faute de comparoir , etc ».

20.ᵉ M O D È L E.

*Jugement par défaut , qui déboute un demandeur
de sa plainte , et cependant condamne le défendeur en une amende.*

« Entre   , musicien , demeurant à   ,
» qui a comparu en personne , à l'audience du
» de ce mois , et qui maintenant fait défaut ;
» contre   , laboureur , demeurant à   ,

» cómparant aussi en personne. Par avertisse-
» ment du   de ce mois, le demandeur s'est
» plaint de ce que (ici il faut énoncer le fait) ;
» et a conclu en quinze francs de dommages-
» intérêts contre le défendeur, et aux dépens.
» (s'il y a un procès - verbal, il faut en donner
» lecture). A l'audience du   de ce mois, le
» défendeur a dénié le fait qui lui est imputé,
» et le demandeur en a offert la preuve par
» témoins. En conséquence, le Maire a ordonné
» que cette preuve serait faite ce jour, en pré-
» sence des Parties.

» Par les avertissemens donnés le   de ce
» mois, par le Maire, notifiés par le Greffier,
» le même jour, les témoins ci - après nommés
» ont été appelés à cette audience, sur la désigna-
» tion qui en a été faite par le demandeur ; savoir :
» (énoncer ici les noms, prénoms, âges, qualités
» et demeures des témoins).

» Ces témoins appelés ont comparu ; mais le
» demandeur a été inutilement appelé et n'a
» point comparu. Alors le défendeur a demandé
» d'être renvoyé, déchargé des conclusions prises
» contre lui par le demandeur ; et qu'il soit en
» conséquence donné défaut contre ce dernier.

» L'adjoint, pour la vindicte publique, a
» dit qu'il ne s'oppose point à ce que le deman-
» deur soit débouté de sa plainte, en ce qui
» touche ses dommages-intérêts, puisqu'en ne
» comparaissant pas, il est censé les avoir aban-
» donnés ; mais qu'il requiert que les témoins
» appelés soient entendus sur la contravention
» dont il s'agit, parce qu'il est possible qu'elle
» soit prouvée, malgré que le demandeur en
» abandonne les suites.

» Sur ce requisitoire, le Maire a procédé à
» l'audition des témoins en présence du défen-
» deur. Ces témoins ont d'abord déclaré qu'ils
» ne

» ne sont point parens de l'une ou l'autre Par-
» tie , au degré prohibé. Ils ont ensuite juré ,
» par serment , de dire *la vérité* et *rien que la*
» *vérité ;* et ils ont fait leurs dépositions sépa-
» rément les uns des autres. Ces dépositions
» ont été : que les témoins ont vu , le jour coté
» par la plainte , le défendeur commettre le fait
» dont il est question ; c'est-à-dire *(ici il faut*
» *énoncer le fait avec ses circonstances).*

» Dans cet état, la cause a présenté les ques-
» tions suivantes :

» *Dans le fait* , il s'agit de savoir si la con-
» travention portée par la plainte est certaine ?

» *Dans le droit* , y a-t-il lieu de donner dé-
» faut contre le demandeur, pour ce qui con-
» cerne ses droits civils ? Y a-t-il lieu, en même
» temps , de déclarer le défendeur convaincu ,
» en ce qui touche l'action publique ?

» Ouï le défendeur dans ses défenses ,
» contre les dépositions des témoins ; ouï l'Ad-
» joint dans ses conclusions , tendantes aux
» dispositions ci-après :

» Le Maire , jugeant en première instance ,
» considérant que s'il est libre à la partie plai-
» gnante d'abandonner son action , et de re-
» mettre ses dommages - intérêts , cet abandon
» ne peut jamais empêcher le cours de l'action
» publique ;

» Considérant que les témoins ont unanime-
» ment déposé de l'existence de la contraven-
» tion portée par la plainte ; que d'après cela
» la peine prononcée par la loi est encourue ,
» et que le Ministère public en a demandé
» l'application ;

» Le Maire donne défaut , faute de compa-
» roir, contre le demandeur ; et pour le profit ,
» renvoie le défendeur déchargé des conclu-
» sions civiles contre lui prises par la plainte.

K

» En ce qui touche les conclusions du Ministère
» public, déclare le défendeur convaincu de
» contravention sur le fait de *(il faut le répéter*
» *ici)* ; pour réparation de quoi le condamne en
» l'amende de *(celle qui sera applicable)*, en
» vertu de l'article   du Code pénal, para-
» graphe , conçu en ces termes : *(copier ici*
» *le texte de la loi)*. Condamne en outre le
» défendeur aux dépens, taxés à , non
» compris le coût et levée du présent jugement,
» ainsi que les frais d'exécution d'icelui, aux-
» quels le défendeur demeure pareillement con-
» damné. Ainsi instruit publiquement, et pro-
» noncé par C..., maire de , ce jour
»   1812, audience tenant dans la Maison
» commune dudit lieu de

  » Signé à la minute, C..., *maire*, et P...,
» *greffier*, etc ».

Lorsque les jugemens sont prononcés, la rédaction s'en fait, et la minute en est signée par
le Juge, dans les 24 heures, à peine de 25 fr.
d'amende contre le Greffier. Ces jugemens sont
signifiés à la partie condamnée, par acte d'huissier. Il n'y a plus ici ni avertissement du Maire,
prescrit par la loi, ni certificat du Greffier. Si
le jugement signifié est par défaut, et que le
condamné déclare à l'huissier qu'il entend y
former opposition, l'huissier doit la recevoir,
et dans ce cas, il ne fera qu'un même acte de
la signification du jugement par défaut et de
l'opposition.

Si, après l'opposition, l'opposant ne comparaît pas à la première audience qui suit, il
n'est plus recevable à s'opposer à l'exécution du
jugement (article 150). Le Maire rend un jugement qui déboute le défendeur de son opposition, et le condamne aux dépens. Mais l'opposant
conservera toujours la voie de l'appel ou du re-

cours en cassation , conformément à ce qui est prescrit par les articles 472 et suivans du Code d'instruction.

Dans ce jugement de débouté d'opposition, le Maire observe les mêmes formes que dans le jugement par défaut; c'est-à-dire qu'il y insère les noms, qualités et demeures des parties, les faits dont il est question , la non comparution de l'opposant, la lecture des pièces et du procès-verbal, s'il y en a ; les questions de fait et de droit , les conclusions du Ministère public , les motifs de son jugement , la déclaration s'il est en dernier ressort ou à charge d'appel, et le débouté de l'opposition.

Mais si les deux parties comparaissent sur l'opposition , alors le Maire entend publiquement les parties et les témoins , s'il en est appelé ; et dans ce cas, il pourra suivre soit le modèle n.° 14, lorsqu'il n'y aura pas de témoins ; soit le modèle n.° 16 , lorsque les parties présenteront des témoins. Cependant , ces deux modèles ne pourront être appliqués que lorsque le prévenu est condamné ; car s'il était renvoyé déchargé de la plainte, il devrait être reçu opposant au jugement par défaut. C'est alors une autre formule particulière qu'il faut suivre ; la voici :

21e. MODÈLE.

Jugement qui reçoit le prévenu opposant à un premier Jugement, et le renvoie absous.

« Entre , etc. ; contre, etc. , le demandeur
» s'est plaint de ce que, etc. A l'audience du...
» le défendeur n'ayant pas comparu , il a été
» condamné par défaut à (*énoncer ici les con-*
» *damnations*).

» Signification faite de ce jugement, au dé-
» fendeur, il y a formé opposition , en vertu

K 2

» de laquelle les deux parties comparaissent
» ensemble à cette audience.

» Pour moyens d'opposition, le défendeur a
» dit, etc. En conséquence, il a demandé
» d'être reçu opposant au jugement par défaut,
» et renvoyé absous sans dépens.

» A quoi le demandeur a repliqué que, etc.
» pourquoi il a persisté dans sa plainte.

» *Question de fait :* etc.

» *Question de droit.* — L'opposition du défen-
» deur doit-elle être admise ? Au contraire, y
» a-t-il contravention justifiée ?

» Parties ouïes, ensemble l'Adjoint du Maire,
» qui a résumé l'affaire, et donné ses conclu-
» sions, tendantes à ce que la plainte soit
» admise ;

» Considérant que le plaignant n'a point jus-
» tifié ni offert de justifier sa plainte ; considé-
» rant que les exceptions de l'opposant sont
» admissibles, le Maire, jugeant en première
» instance (ou en dernier ressort), reçoit le
» défendeur opposant au jugement par défaut
» contre lui rendu le   de ce mois ; rapporte
» ledit jugement, pour n'avoir aucun effet ;
» déboute le demandeur de sa plainte, et le
» condamne aux dépens envers le défendeur,
» taxés à   , non compris le coût, levée et
» signification du présent, en quoi le demandeur
» est pareillement condamné ; ce qui a été pu-
» bliquement instruit et jugé par M. A., maire
» de la commune d   , etc., etc „.

J'ai précédemment dit que les contraventions
ne se prouvaient que par procès-verbaux ou par
témoins : c'est le principe général que la loi a
établi. Il semble donc qu'en matière de police,
il n'y ait à prononcer d'autres jugemens préparatoires que ceux qui ordonneront la preuve
testimoniale. Cependant il peut se présenter

plusieurs autres cas où de semblables jugemens doivent être portés.

Si le prévenu, valablement empêché de comparaître à la première audience fixée par l'avertissement du Maire, fait faire des représentations à cet égard ; si les procès-verbaux ou les dépositions des témoins ne portent pas une entière conviction du fait ; si le Maire lui-même n'a pas fixé son opinion dans une première audience ; si des circonstances atténuantes peuvent se vérifier en faveur du prévenu : dans l'un ou l'autre de ces cas, le Maire peut rendre un interlocutoire ou un préparatoire, par lequel il ordonnera telle mesure légale que la circonstance exigera.

Si c'est le procès-verbal qui n'est point entièrement probatif de la contravention, il ordonnera que le demandeur ou le Ministère public complétera la preuve de la contravention par témoins.

Si le Juge n'est pas fixé dans son opinion, il continue la cause à la prochaine audience, pour former sagement sa décision. Si des circonstances atténuantes sont alléguées, avec offre d'en faire preuve, et que les témoins ne soient pas présens, le Juge autorisera cette preuve, pour être faite à la première audience.

On pourra, dans ces circonstances et quelques autres, se servir du modèle de jugement n.º 17, qui ordonne une preuve testimoniale, auquel on fera les changemens que nécessiteront les faits dont il s'agira ; les questions de fait et de droit, les motifs et considérations du jugement, les dispositions qu'il aura prononcées.

Il faut maintenant donner un modèle de jugement qui rejette la preuve testimoniale contre un procès - verbal d'un Officier ayant droit de constater les délits, jusqu'à inscription de faux. On doit se rappeler les distinctions que la loi a faites sur ce point, et que j'ai précédemment établies.

22.ᵉ MODÈLE.

" Entre M. Louis Joseph, adjoint de la com-
„ mune d   , y demeurant, demandeur,
„ suivant son procès-verbal du   , dûment
„ en forme, et suivant avertissement notifié
„ le   , comparant en sa personne ;

„ Contre Louis, voiturier, demeurant en
„ cette commune, et comparant aussi en sa
„ personne ;

„ En présence de Pierre Pierre, marchand
„ de faïence, demeurant aussi en cette commune
„ d   , intervenant et demandeur, com-
„ parant par lui - même. Il résulte du procès-
„ verbal dressé par ledit sieur Adjoint, ci-dessus
„ daté, dont lecture a été faite en l'audience,
„ par le Greffier, que le sept de ce mois, huit
„ heures du matin, ledit Louis a causé volon-
„ tairement un dommage aux propriétés mobi-
„ lières d'autrui, en faisant passer sa voiture
„ sur des montres de marchandises exposées en
„ vente à la porte de Pierre Pierre.

„ Pourquoi ledit sieur Adjoint a dressé pro-
„ cès-verbal, et traduit devant le Maire, à son
„ audience présente, ledit Louis, pour être
„ déclaré convaincu de la contravention dont
„ il est cas, et condamné en l'amende pronon-
„ cée par la loi, et aux dépens.

„ Ledit Pierre intervenant, a dit que le fait
„ constaté contre Louis, lui a occasionné du
„ dommage, notamment la perte d'un déjeûné
„ complet, et six assiettes de faïence ; pour la
„ valeur de quoi il a conclu, contre le défendeur,
„ en quinze francs de dommages-intérêts.

„ A quoi Louis a répondu, que les faits pré-
„ tendus constatés par le procès-verbal dont il
„ s'agit, sont faux ; qu'il est vrai cependant
„ que l'un de ses chevaux, en passant devant

,, le magasin de Pierre Pierre, a fait jaillir de
,, la boue sur quelques pièces de faïence ; qu'au
,, surplus, il offre positivement de faire la
,, preuve contraire au procès-verbal de l'Adjoint.

,, Et par ce dernier a été dit, que les offres
,, de Louis doivent être rejettées ; que le procès-
,, verbal par lui fait doit être cru jusqu'à ins-
,, cription de faux ; et dès que Louis ne déclare
,, point qu'il veut prendre cette voie, il doit
,, être déclaré convaincu, condamné en l'amen-
,, de, aux dommages-intérêts de l'intervenant,
,, et aux dépens.

,, *Question de fait.* — Il s'agit de savoir si un
,, fait, volontairement commis par Louis, a
,, causé du dommage aux propriétés mobilières
,, d'autrui ?

,, *Question de droit.* — La preuve testimo-
,, niale est-elle admissible contre le procès-
,, verbal d'un Adjoint de Maire ?

,, Parties ouïes, et ledit sieur Adjoint dans
,, ses conclusions,

,, Le Maire, considérant que la loi a donné
,, aux Adjoints de Maire, le droit de constater
,, les contraventions, jusqu'à inscription de
,, faux ;

,, Considérant que l'article 154 du Code d'ins-
,, truction ne permet pas de recevoir la preuve
,, testimoniale contre les actes des Officiers qui
,, ont semblable droit ;

,, Considérant d'ailleurs que le procès-verbal
,, dressé contre Louis, prouve clairement qu'il
,, a fait passer volontairement sa voiture et ses
,, chevaux sur quelques marchandises de Pierre
,, Pierre,

,, Le Maire, jugeant en première instance,
,, déclare Louis convaincu de contravention sur le
,, fait dont il s'agit ; pour réparation de quoi le
,, condamne en quinze francs d'amende, en vertu

„ de l'article 479 du Code pénal, 1.er paragraphe,
„ conçu en ces termes :

„ Seront punis d'une amende de onze à quinze
„ francs inclusivement, 1.º ceux qui, hors les
„ cas prévus depuis l'article 434 jusques et y
„ compris l'article 462, auront volontairement
„ causé du dommage aux propriétés mobilières
„ d'autrui, etc.

„ Faisant droit sur l'intervention de Pierre
„ Pierre, le Maire le reçoit partie intervenante ;
„ en conséquence, condamne Louis à payer à
„ l'intervenant la somme de quinze francs, pour
„ dommages-intérêts résultans du préjudice qu'il
„ lui a volontairement causé ; si mieux n'aime
„ ledit Louis payer le dommage suivant l'esti-
„ mation qui en sera faite, ce qu'il sera tenu
„ d'opter dans 24 heures, sinon déchu de l'op-
„ tion. Condamne en outre Louis aux dépens,
„ taxés à un franc deux centimes, non compris
„ le coût, levée et signification du présent ju-
„ gement, à quoi Louis demeure pareillement
„ condamné. Ainsi instruit publiquement, et
„ jugé par M. L....., maire de la commune
„ d   , etc „.

On voit, par ce modèle, que l'Adjoint exerce
le Ministère public sur son propre ouvrage ; et
cela est sans inconvénient, parce que le pouvoir du Maire contrebalance celui de l'Adjoint.
Mais il en serait autrement si le Maire jugeait
une contravention constatée par lui - même ; il
serait alors le juge de son propre ouvrage,
ce que je ne regarde point légal. Je pense
au contraire que toutes les fois que le Maire a
dressé lui-même procès-verbal d'une contravention, il doit s'abstenir d'en connaître, et adresser
son procès-verbal à l'Officier qui remplit le Ministère public près le Tribunal du Juge de paix.
Ainsi le veut l'article 15 du Code d'instruction.

On peut m'objecter que lorsque le Maire est empêché , l'Adjoint devient juge de police ; et alors l'Adjoint lui - même est remplacé par un membre du Conseil-général. J'ai déjà fait connaître cette disposition , on ne peut donc m'accuser de vouloir l'éluder. Mais elle ne peut s'appliquer qu'aux cas d'absence ou d'empêchement du Maire , cas qui sont ordinairement rares. Cette disposition , qui rendra quelquefois l'Adjoint juge , peut si peu s'appliquer aux procès-verbaux des Maires , que , par une disposition générale , l'article 15 que je viens de citer , veut que tous procès-verbaux des Maires soient remis, dans les trois jours , au Ministère public du Tribunal du Juge de paix , pour en faire les suites. C'est bien décider que les Maires ne jugeront pas leur propre ouvrage.

S'il en était autrement, l'Adjoint deviendrait juge habituel des opérations du Maire , qui est son chef administratif. Cela serait opposé à l'esprit de la loi nouvelle. Le Maire est appelé à constater les contraventions par préférence à l'Adjoint, qui n'y procède qu'à défaut du Maire ; de sorte que celui-ci pourrait toujours constater les contraventions , et l'Adjoint les jugerait toujours : ce serait mettre la loi en contradiction, et dépouiller le Maire du droit de juger, qui n'est accordé habituellement qu'à lui seul.

Qu'il me soit permis de pressentir d'ailleurs l'effet fâcheux qu'une semblable procédure pourrait produire entre les Maires et les Adjoints. L'harmonie , si desirable entre tous les Fonctionnaires , pourrait bientôt cesser de subsister entre les Maires et les Adjoints ; les petites passions se mettraient à la place , et amèneraient la division.

Je passe maintenant aux reproches qui peuvent être fournis contre les témoins cités par le Maire ,

ou amenés par les parties. Dans le précédent
chapitre, j'ai établi quels sont les reproches seuls
valables et autorisés par la loi. Je ne me répé-
terai point, ni sur le fonds de ces reproches, ni
sur les formes des jugemens qui les admettent
ou les rejettent. MM. les Maires voudront bien
recourir au chapitre XI, et aux modèles n.ᵒˢ 7 et 8.

Je dois en faire de même pour les cas où les
faits présentés au jugement du Maire n'offriraient
ni une contravention ni un délit ; l'article 459
du Code d'instruction prescrit ce qui doit être
fait alors. Les développemens et les formules
que l'exécution de cet article m'a paru mériter,
sont placés à la fin du même chapitre XI.

Mais il est indispensable de donner, en termi-
nant ce chapitre, une formule d'un jugement
qui renvoie devant le Procureur-impérial, lorsque le fait présenté au jugement du Maire est plus
qu'une contravention, c'est-à-dire, lorsqu'il est
délit ou crime. Ce renvoi peut être fait de deux
manières : ou sur la discussion simple des
parties, ou sur audition de témoins ; ce qui
demande deux formules particulières.

23.ᵉ M O D È L E.

Jugement de renvoi pur et simple devant le
Procureur-impérial.

" Napoléon, par la grace de Dieu, Empe-
„ reur, etc.

„ Entre W..., demeurant en cette commune
„ d   , comparant
„ en personne ; contre L..., demeurant aussi
„ en cette commune, et comparant aussi en
„ personne.

„ Par avertissement du Maire, donné le
„ de ce mois, notifié le même jour, par le
„ Greffier, ledit W... s'est plaint que L... a
„ volontairement causé du dommage à ses

,, propriétés mobilières, en se permettant, le
,, cinq de ce mois, trois heures du soir, de
,, déchirer, dégrader et salir une certaine quan-
,, tité de linge qu'il avait fait mettre au séchoir
,, dans la cour de sa maison. Lesquels linges
,, ledit L... a détériorés ainsi, accompagné de
,, dix ou douze individus inconnus à W.....;
,, pourquoi il a conclu contre L..., à ce qu'il
,, soit déclaré convaincu du fait dont il est
,, question ; et pour réparation civile, condamné
,, envers lui en quinze francs d'indemnité et aux
,, dépens, sauf la jonction de la partie publique
,, pour l'application de la peine.

,, Lecture faite de l'avertissement, par le Gref-
,, fier, L... a comparu, et pour défenses a dit qu'il
,, est vrai que, le 5 de ce mois, 3 heures du soir,
,, lui et dix autres jeunes gens de cette com-
,, mune, étant pris de vin, sont entrés dans la
,, cour ouverte de la maison du demandeur ;
,, qu'il est vrai aussi qu'ils ont jeté quelques
,, pièces de linge dans la boue, mais qu'il ne
,, croit cependant point qu'ils en ont déchiré.

,, L... a offert de payer le dommage qui peut
,, avoir eu lieu, soit pour sa part, soit en to-
,, talité, sauf son recours contre qui de droit.

,, Et par le demandeur a été dit, qu'il offre
,, la preuve qu'une petite partie de son linge a
,, été véritablement déchirée.

,, Sur cette discussion, l'Adjoint a requis le
,, prévenu de déclarer le nom de ses complices.
,, A quoi ledit L... satisfaisant, a dit que les
,, dix personnes réunies à lui, lors du fait dont
,, est question, sont 1.°, etc. (Il faut énoncer
,, ici les noms, qualités et demeures des com-
,, plices). Cette déclaration faite, l'Adjoint a
,, représenté que le fait imputé à L..., est un
,, véritable délit ; que c'est un dégât de propriétés
,, mobilières, commis par une réunion de onze

,, personnes ; de quoi le Maire n'est point com-
,, pétent de connaître. D'après cela il a conclu
,, à ce que la cause et les parties soient ren-
,, voyées devant M. le Procureur-impérial près
,, le Tribunal de première instance d
,, conformément à l'article 160 du Code d'ins-
,, truction.

Point de fait : Le dégât imputé au défendeur
,, est-il certain ?

Point de droit : Le fait est-il qualifié délit ?
,, Y a-t-il lieu de renvoyer devant le Procureur-
,, impérial ?

,, Parties ouïes, ensemble, M. l'Adjoint, dans
,, ses conclusions , lequel a résumé l'affaire ;

,, Attendu qu'il est reconnu par le prévenu
,, lui-même , que le dégât dont le demandeur se
,, plaint a été commis par une réunion de onze
,, personnes , dont il faisait partie. Attendu
,, que tout dégât d'effets ou propriétés mobi-
,, lières, commis en réunion, est un délit prévu
,, par l'article 440 du Code pénal ; attendu
,, enfin que , lorsque le fait présenté au juge
,, de police est un délit, les parties doivent être
,, renvoyées devant le Procureur-impérial,

,, Le Maire renvoie lesdites parties devant
,, M. le Procureur-impérial près le Tribunal de
,, première instance de   , dépens réservés;
,, charge l'Adjoint de l'exécution du présent ju-
,, gement, qui sera exécuté suivant la loi. Ainsi
,, instruit publiquement, et prononcé par R...,
,, maire d   , etc. (*Suivre les finales des*
,, *modèles précédens*) ,,.

24.e MODÈLE.

Autre renvoi devant le Procureur-impérial ,
sur audition de témoins.

" Entre, etc. ; contre, etc. Le demandeur
,, s'est plaint que , le huit de ce mois , dix heures

„ du matin , le défendeur , par la mauvaise
„ direction de sa voiture, a fait écraser et tuer
„ un mouton qui lui appartenait ; cet animal se
„ trouvant alors dans la rue , très - près de la
„ Maison du demandeur. Pourquoi ce dernier
„ a conclu , par avertissement du même jour ,
„ notifié par le Greffier , en quinze francs de
„ dommages-intérêts , et aux dépens , sans pré-
„ judice de la jonction du Ministère public.

„ Le défendeur ayant comparu , a dit qu'il
„ ignore s'il a été cause de la mort du mouton
„ du demandeur ; qu'il ne s'est point apperçu
„ de cet accident ; et que d'ailleurs il a conduit
„ sa voiture , les jour et heure désignés par la
„ plainte, dans la meilleure direction possible ,
„ notamment lorsqu'il passait devant la maison
„ du demandeur. En conséquence , il a demandé
„ d'être renvoyé de l'action contre lui formée ,
„ sans dépens.

„ A quoi le demandeur a repliqué qu'il offre
„ de prouver le fait dont il se plaint, par des
„ témoins présens à l'audience.

„ Sur l'ordre du Maire , ces témoins ont été
„ présentés , et sont 1°..... ; 2°..... , etc. ;
„ 3°..... , etc. (Il faut insérer ici les noms ,
„ prénoms , âges , qualités et demeures des
„ témoins).

„ Après avoir déclaré leurs noms , prénoms ,
„ âges , qualités et demeures , et qu'ils ne sont
„ point parens, alliés ni domestiques des parties ,
„ les témoins ont juré individuellement de dire
„ toute la vérité, et rien que la vérité. Et ils ont
„ fait séparément leurs dépositions ; le tout en
„ présence des parties. Ces dépositions ont été
„ unanimes. Les témoins ont tous déposé que,
„ le huit de ce mois, dix heures du matin , le
„ prévenu, passant devant la maison du deman-

,, deur, avec sa charrette, attelée de trois che-
,, vaux, et ayant vu un mouton à une très-petite
,, distance de sadite charrette, il a donné un
,, grand coup de bâton sur la tête de cet animal,
,, ce qui l'a terrassé; et ensuite le défendeur a
,, fait passer sa charette sur le corps dudit mouton.

,, Dans cet état, la cause a présenté les ques-
,, tions suivantes :

,, *Question de fait.* ― L'événement dont il
,, s'agit présente-t-il une contravention ou un
,, délit ? *Dans le droit*, le Maire est-il compé-
,, tent ? Y a-t-il lieu, au contraire, de renvoyer
,, devant le Procureur-impérial ?

,, Parties ouïes, ensemble M. l'Adjoint, qui
,, a résumé l'affaire, et donné ses conclusions
,, conformes aux dispositions ci-après :

,, Considérant que les dépositions des témoins
,, constatent que le mouton du demandeur a été
,, terrassé et tué par le défendeur, sans néces-
,, sité ; et non par la mauvaise direction de sa
,, voiture ;

,, Considérant qu'un pareil fait est un délit,
,, prévu par l'article 453 du Code pénal, dont
,, le Maire ne peut connaître,

,, Le Maire renvoie la cause et les parties
,, devant M. le Procureur - impérial près le
,, Tribunal de première instance de
,, en vertu de l'article 160 du Code d'instruction
,, criminelle; charge M. l'Adjoint de l'exécution
,, du présent jugement. Ainsi instruit publique-
,, ment, et prononcé par P...., maire de la
,, commune d...., etc.

Je dois placer ici une observation générale.
On a vu, dans tous les modèles que j'ai fournis
dans ce chapitre, que les parties ont toujours
comparu en personne devant le Maire. Je pense,
en effet, qu'elles n'ont pas la faculté de s'y faire
représenter par un fondé de pouvoirs. L'article

152 du Code d'instruction , que j'ai déjà cité , permet bien aux parties de comparaître en personne ou par fondé de pouvoirs, devant le Tribunal de police du canton , mais cet article n'est point déclaré commun aux Maires.

Il paraît, au contraire, en être formellement excepté par l'article 171 , 2.e paragraphe , qui porte : « Seront au surplus observés (devant » les Maires) les articles 149, 150, 151 , 153 , » 154, 155, 156 , 157 , 158 , 159 et 160, con- » cernant l'instruction et les jugemens au Tri- » bunal du Juge de paix ».

On voit, par ce texte, que l'article 152 est le seul excepté des articles qui établissent les formes de procéder devant les Juges de paix ; car tous les autres sont placés et nommés dans leur ordre naturel. De l'article 151 , le Législateur passe à l'article 153; conséquemment il excepte l'article 152 : cela est évident.

Cet article est donc étranger à la procédure devant les Maires ; ainsi les parties ne peuvent s'y faire représenter par un fondé de pouvoirs. Cela me paraît sans inconvénient : les justiciables du Maire sont , pour ainsi-dire , ses voisins; il n'en peut avoir rarement d'autres que les habitans de sa commune ; il est très - facile à ces justiciables de se présenter eux-mêmes devant leur Juge.

Cependant, il peut arriver qu'un prévenu soit indisposé ou absent , lors de l'avertissement du Maire. Il est facile de remédier à cette circonstance : le Maire renvoie la cause à une époque assez éloignée pour que le prévenu soit rétabli , ou que son absence ait cessé.

Deux observations vont terminer ce chapitre : 1.º le Code d'instruction n'a point réglé comment seront faites les minutes des jugemens des Maires. Seront-elles sur feuilles volantes , ou réunies sur un registre ? L'un ou l'autre peut être pratiqué ; mais il y a moins d'inconvénient à suivre ce qui est observé dans la plus grande partie des Cours et Tribunaux : tenir un registre plumitif, ou feuille d'audience pour chaque année, semestre ou trimestre ;

2.º Les expéditions des jugemens des Maires, pour être en forme exécutoire, doivent, comme tous les jugemens, commencer par cette forme, prescrite expressément par les lois :

" NAPOLÉON, par la grace de Dieu, et les
" Constitutions, Empereur des Français, Roi
" d'Italie, Protecteur de la Confédération du
" Rhin, Médiateur de la Confédération Suisse,
" etc. ; à tous présens et à venir, salut :
" Savoir faisons que le Maire de la commune
" d   a rendu le jugement suivant :
" Entre, etc. ".

Ils doivent être terminés par cette autre forme, qui est encore indispensable :

" MANDONS et Ordonnons à tous Huissiers,
" sur ce requis, de mettre le présent jugement
" à exécution ; à nos Procureurs - généraux-
" impériaux ; à nos Procureurs-impériaux près
" les Tribunaux de première instance, d'y tenir la
" main ; à tous Commandans et Officiers de la
" force publique, de prêter main - forte, lors-
" qu'ils en seront légalement requis. En foi de
" quoi le présent jugement a été signé par le
" Juge et le Greffier, et scellé du sceau de la
" commune ".

Je crois avoir embrassé tout ce qui peut faciliter aux Maires l'exécution des nouvelles lois. Peut-être on regardera que je suis entré dans des détails minutieux ; mais j'ai pensé que je ne pouvais m'en dispenser envers des Fonctionnaires qui, en général, n'ont jamais fait d'actes de procédure.

CHAPITRE

CHAPITRE XIII.

Des attributions des Commissaires de police et des Adjoints.

LES Commissaires de police sont chargés de rechercher les contraventions de police, même celles qui sont sous la surveillance spéciale des Gardes-forestiers et champêtres, à l'égard desquels ils ont concurrence et prévention (art. 111 du Code d'instruction).

Ces Officiers sont aussi chargés de recevoir les rapports, dénonciations et plaintes qui seront relatifs aux contraventions de police (même art.)

Dans les communes où il n'y en a pas, les Maires, et à défaut de ceux-ci, les Adjoints de Maire, recherchent les contraventions, et reçoivent les mêmes rapports, plaintes et dénonciations (idem, idem).

La loi du 27 ventôse an 8 chargeait les Adjoints de Maire, dans les communes où il n'y avait pas de Commissaire de police, d'en remplir les fonctions; ainsi les Adjoints pouvaient et devaient habituellement constater et rechercher les contraventions de police. On voit que l'art. 11 de la loi nouvelle apporte du changement en cette partie des fonctions des Adjoints; car ce ne sont plus ces Fonctionnaires qui sont principalement appelés à constater les contraventions, ce sont les Maires; et ce n'est qu'à défaut de ceux-ci que les Adjoints opèrent. Tel est le texte de la loi.

Cependant, ces mots : au défaut des Maires, ne me paraissent point exclure les Adjoints de la recherche des contraventions, d'une manière absolue. Par exemple, s'il y a flagrant délit,

L

constaté par l'Adjoint, l'acte doit demeurer valable. Il serait, dans ce cas, ridicule d'écarter l'Adjoint pour appeler le Maire, car, pendant l'intervalle, le flagrant délit cesserait. Il en est de même du cas où le prévenu est dénoncé par la clameur publique, ainsi que de tous les cas absolument urgens. En général, je crois qu'il faut entendre ces mots : *au défaut des Maires*, de cette manière : que l'Adjoint ne peut opérer quand le Maire est présent ou déjà appelé; mais qu'il peut opérer dès que le Maire est absent, ou s'il n'est pas déjà prévenu.

Cette manière générale d'entendre les termes de la loi, me paraît fondée. Cependant je dois déclarer que je ne présente point mon opinion comme une règle, mais comme une réflexion prudente et circonspecte, qui doit être reçue de même.

Les procès-verbaux des Commissaires de police et des Maires, qui constatent des contraventions, doivent, pour remplir l'esprit de la loi nouvelle, établir clairement la nature et les circonstances de la contravention, le temps et le lieu où elle aura été commise, les preuves et les indices à la charge de ceux qui en seront coupables (article 111 du Code d'instruction).

Si le contrevenant est présent, le Commissaire de police, ou le Maire, doit l'interpeller sur les faits et les circonstances, et sur tout ce qui peut tendre à la manifestation de la vérité. L'Officier de police doit requérir encore le délinquant de signer ses réponses, ou de déclarer s'il ne le peut ou s'il ne le veut, comme d'assister à la rédaction du procès-verbal.

Ces divers points devant aussi être observés par les Gardes-champêtres et forestiers, je donnerai, dans le chapitre suivant, qui les concernera, plusieurs formules de procès-verbaux, qui contiendront tout ce que la loi a prescrit pour constater les contraventions.

Les articles 12, 13 et 14 du Code d'instruction, établissent des dispositions pour les communes divisées en plusieurs arrondissemens de Commissaires de police. Ces Officiers devront exercer leurs fonctions dans toute l'étendue de la commune, sans pouvoir alléguer que les contraventions ont été commises hors de leur arrondissement particulier.

En général, le Code ne change rien aux fonctions de ceux des Commissaires de police qui exercent le ministère public près le Tribunal de police du canton. Ces fonctions sont les mêmes pour les Adjoints qui exercent près des Maires.

Voici sommairement quelles sont ces fonctions particulières :

La répression des contraventions peut être poursuivie d'office, par l'Adjoint, devant le Juge-Maire, soit en vertu d'un procès-verbal, soit par la preuve testimoniale. Dans ce cas, l'avertissement du Maire est donné à la requête et sur la plainte de l'Adjoint.

Au jour fixé pour l'audience, l'Adjoint présente ses témoins, s'il en a appelé, et il requiert leur audition. S'il y a un procès-verbal, il en requiert la lecture. Après les défenses du prévenu, l'Adjoint expose et résume l'affaire : il requiert l'exécution de la loi, et donne ses conclusions pour l'application de la peine.

Mais si la contravention est poursuivie par une partie civile, rien ne se fait à la requête de l'Adjoint; celui-ci se borne à prendre ses conclusions en l'audience, après avoir résumé l'affaire.

L'adjoint peut proposer et requérir d'office, soit qu'il y ait partie civile ou non, telles mesures préparatoires qu'il croira sages. Par exemple, il peut conclure à une preuve contraire,

offerte contre un procès-verbal de Garde-champêtre, à ce que telle preuve soit complétée, si
elle lui paraît insuffisante ; à ce que la cause
soit continuée à une autre audience, s'il desire s'é-
clairer davantage sur l'objet de la contravention.

Il doit principalement s'opposer à l'admission
de toutes exceptions des parties qui seraient
contraires à la loi, notamment à une preuve
testimoniale qui serait demandée contre un acte
qui mérite foi jusqu'à inscription de faux ; notamment encore si la partie civile soumettait au
jugement du Maire un fait qu'il ne serait pas
compétent de juger. Dans ce cas, l'Adjoint doit
établir la démarcation des compétences, et les
faire observer.

Enfin il appartient au ministère de l'Adjoint,
de demander la nullité d'un acte, ou de la procédure, dans les cas où la loi la prescrit. Il doit
bien observer, à cet égard, que *les nullités sont
de rigueur*, qu'elles ne peuvent jamais être prononcées si une loi n'a textuellement décidé qu'il
y a nullité pour le même cas dont il s'agira. Une
mauvaise rédaction d'un acte quelconque, n'est
point une nullité.

Le jugement du Maire étant rendu, l'exécution
en appartient au Ministère public et à la partie
civile, chacun en ce qui le concerne (art. 165
du Code d'instruction).

La loi n'a point tracé un mode particulier pour
l'exécution des jugemens des Maires, comme elle
a fait pour les citations devant eux. Si le ministère d'huissier n'est point nécessaire pour les
citations, il n'en est point de même pour l'exécution du jugement. Si le Maire ne doit point
notifier, par avertissement à la partie condamnée, son propre jugement, il peut encore moins
l'exécuter par des actes de contrainte. Ce sera
donc un huissier qui exécutera les jugemens des

Maires, comme il exécute ceux des Cours et Tribunaux.

L'article 174 du Code d'instruction, en fixant le délai pour faire appel d'un jugement de police, dit qu'il sera fait dans les dix jours de la signification du jugement. Or il n'y a qu'un huissier qui puisse faire une signification : la loi a donc bien entendu que l'huissier serait l'exécuteur du jugement du Maire.

Si le jugement est rendu entre le Ministère public et la partie condamnée seulement, alors l'exécution toute entière en appartient à l'Adjoint, qui fait signifier le jugement au contrevenant, avec sommation d'y satisfaire.

Si le condamné, dans les dix jours, n'a point fait appel, ou si le jugement est en dernier ressort, le condamné peut alors être contraint. Mais cette contrainte n'est pas exercée à la requête de l'Adjoint ; il doit bien se garder de faire exécuter le condamné dans ses meubles, de saisir ses revenus et créances, etc. Ces moyens appartiennent à la Régie de l'Enregistrement exclusivement (art. 197 du Code d'instruction).

L'adjoint, pour cet effet, remet au Receveur des Domaines et de l'Enregistrement du canton, expédition en forme du jugement, et de la signification qu'il en a fait faire au condamné. Il fait cette remise immédiatement la signification, si le jugement est en dernier ressort ; et s'il n'est qu'en première instance, il ne fait la remise qu'après l'expiration des dix jours pour faire appel, si toutefois l'appel n'a pas eu lieu.

Mais si le jugement du Maire est rendu sur la plainte de la partie civile, alors celle-ci fait exécuter le jugement, pour ses dépens et dommages-intérêts, de la même manière que pour un jugement en matière civile. Dans ce cas, il ne reste plus à l'Adjoint qu'à faire parvenir au Receveur de l'Enregistrement l'extrait du jugement, pour qu'il fasse payer l'amende prononcée.

Cependant si, au lieu d'amende, le Maire a infligé la peine de prison, alors, soit qu'il y ait partie civile ou qu'il n'y en ait pas, l'exécution du jugement appartient à l'Adjoint, pour faire subir la peine, qui est indépendante des dommages - intérêts, restitutions et frais de la partie civile. Cette peine n'est prononcée que pour la répression du coupable et l'exécution de la loi, qui appartient spécialement au Ministère public.

Ainsi l'arrestation du condamné et son écrou, doivent, dans tous les cas, être faits à la requête du Commissaire de police ou de l'Adjoint.

Lorsqu'un jugement prononce confiscation de choses saisies, à qui appartient l'exécution de cette partie du jugement? Il me semble évident, malgré le silence de la loi nouvelle, sur ce point, que c'est à la Régie de l'Enregistrement; parce que cela s'est pratiqué ainsi depuis long-temps, et parce qu'encore le produit des confiscations doit suivre celui des amendes. Ainsi les choses saisies après que la confiscation en est ordonnée, doivent être remises, en nature, au Receveur de l'enregistrement, qui en fait opérer la vente.

Enfin, lorsque le Commissaire de police ou l'Adjoint a succombé dans une action qu'il a portée d'office devant le Juge de police, a-t-il le droit d'interjetter appel du jugement qui rejette son action? Je pense qu'il le peut, et c'est de quoi je traiterai dans le chapitre suivant. Mais jamais la faculté d'appeler n'est accordée à l'Adjoint ni au Commissaire de police, d'un jugement rendu sur la plainte de la partie civile, qui seule peut acquiescer au jugement ou en interjetter appel, lorsque le jugement n'est pas en dernier ressort.

Telles sont les attributions des Commissaires de police, exerçant le Ministère public près les Juges de paix ; telles sont aussi celles des Adjoints près des Maires. Il existe pourtant, dans les attributions des Commissaires , une plus grande latitude , puisqu'elles embrassent toutes les contraventions établies par le Code , par des lois non abrogées , et par des réglemens particuliers ; tandis que les Adjoints sont restreints au petit cercle tracé pour les Maires. Mais les uns et les autres , dans tout ce qui tient au Ministère public, sont indépendans de l'autorité administrative ; ils sont placés dans la hiérarchie judiciaire, et ils sont subordonnés aux Procureurs-généraux et aux Procureurs-impériaux. C'est à ces Magistrats seuls qu'ils doivent compte de leur conduite dans l'exercice du Ministère public.

Un Maire n'a point le droit de requérir un Commissaire de police ou un Adjoint, de porter d'office telle ou telle plainte. Ces derniers seuls ont l'initiative de l'action publique.

Un Maire ne peut point empêcher que son Adjoint , ou le Commissaire de police poursuive tel contrevenant ; et encore moins empêcher qu'une action commencée soit suspendue ou arrêtée. L'autorité administrative ne peut jamais empiéter sur l'autorité judiciaire : autrement il y aurait délit, abus de pouvoir ; et une peine serait encourue (art. 131 du Code pénal).

En matière de police judiciaire, les attributions des Commissaires de police et des Adjoints sont égales à celles des Maires : ils opèrent en concurrence avec eux ; ils sont alors, comme les Juges de paix , officiers de police , auxiliaires du Procureur-impérial. Ils dressent les procès-verbaux, reçoivent les déclarations des témoins, font les visites et autres actes qui sont prescrits

au chapitre V du Code d'instruction, soit en cas
de flagrant délit , soit sur la requisition d'un
chef de maison , soit sur la délégation du Procureur-impérial.

La loi a donné aux Adjoints le droit de procéder à tous ces actes (*) : elle a voulu multiplier
les surveillans du crime , elle a sagement fait.
C'est un moyen sûr d'envelopper le coupable ,
comme de prévenir le crime.

(*) *Article 9 du Code d'instruction.* « La police judiciaire
» sera exercée sous l'autorité des Cours impériales , suivant
» les distinctions qui vont être établies, par les Gardes-
» champêtres et forestiers, par les Commissaires de police ,
» par les Maires et les Adjoints de Maire.
Article 48. » Les Juges de paix , les Officiers de Gen-
» darmerie , les Commissaires généraux de police, recevront
» les dénonciations des crimes ou délits commis dans les lieux
» où ils exercent leurs fonctions habituelles.
Article 49. » Dans les cas de flagrant délit, ou dans les
» cas de requisition de la part d'un chef de maison , ils dres-
» seront les procès-verbaux, recevront les déclarations des
» témoins , feront les visites et les autres actes qui sont ,
» auxdits cas , de la compétence des Procureurs-impériaux ;
» le tout dans les formes et suivant les règles établies au
» chapitre des Procureurs-impériaux.
Article 50. » Les Maires , Adjoints de Maires , et les
» Commissaires de police , recevront également les dénon-
» ciations, et feront les actes énoncés en l'article précédent ,
» en se conformant aux mêmes règles ».

CHAPITRE XIV,

DE l'Appel. — De la Contrainte par corps.

1.re SECTION.

« LES jugemens rendus en matière de police
» pourront être attaqués par la voie de l'appel,
» lorsqu'ils prononceront un emprisonnement,
» ou lorsque les amendes, restitutions ou autres
» réparations civiles, excéderont la somme de
» cinq francs, outre les dépens ». Tel est le
texte de l'article 172 du Code d'instruction.

Deux réflexions se présentent sur cet article :
1.º c'est qu'il ne peut exister de jugemens en
dernier ressort, pour les contraventions de seconde et de troisième classe, puisque le seul
minimum des amendes fixées pour ces deux classes, excède cinq francs. Il ne pourra donc être
rendu des jugemens de police en dernier ressort,
que sur les contraventions de première classe.
Encore faudra-t-il que le *maximum* de la peine
ne soit pas toujours appliqué, car il est de cinq
francs : autrement l'indemnité de la partie lésée
serait un excédant qui rendrait le jugement en
première instance.

Cependant si la partie lésée, comme il arrive
quelquefois, ne demande aucuns dommages ou
indemnité, alors le Juge, en prononçant cinq
francs d'amende, juge en dernier ressort. Il en
est de même lorsque le jugement est rendu sur
la seule poursuite du Ministère public, sans
intervention de la partie lésée, car alors il n'y
a point d'indemnité ni restitution civile ; et le
Juge, ne prononçant que cinq francs d'amende,
prononce toujours en dernier ressort. Mais dans

tous autres cas il faut , pour juger en dernier ressort , que l'amende de cinq francs soit réduite de manière que , jointe aux dommages-intérêts, il ne résulte qu'une condamnation totale de cinq francs, sinon le jugement est en première instance.

C'est d'ailleurs suivant la nature du fait , suivant les circonstances atténuantes , et suivant la modicité de l'indemnité due à la partie lésée , que les condamnations d'amendes et d'indemnités pourront ensemble être aussi fortement réduites qu'à la médiocre somme de cinq francs. Je n'ai pas besoin de dire que cette réduction ne doit jamais être calculée par le motif singulier de rendre le jugement en dernier ressort. Cela serait souvent opposé à l'équité ; et sans doute la conscience des Juges ne leur permettra jamais un pareil calcul.

On voit que la faculté d'appeler des jugemens de police est bien étendue ; ce qui est absolument contraire à l'article 153 du Code de brumaire , d'après lequel tous jugemens de police , sans exception , ont été rendus en dernier ressort jusqu'à présent.

Cette disposition m'a toujours paru rigoureuse pour les prévenus , principalement lorsque la peine d'emprisonnement était prononcée. Quelque éclairés qu'on ait regardé les Juges de police, ils n'ont pu être présumés infaillibles. Je suis persuadé que beaucoup d'entre eux , retenus par la juste crainte de se tromper, ont souvent prononcé le *minimum* de la peine, tandis qu'ils en auraient prononcé le *maximum*, si leurs jugemens avaient été sujets à l'appel. D'ailleurs , ce point de jurisprudence offrait un singulier contraste avec la faculté illimitée que les parties ont toujours eue d'appeler des jugemens correctionnels. On doit donc louer la disposition nouvelle, qui fait cesser un pouvoir extraordinaire.

La seconde réflexion que présente l'art. 172
est celle-ci : si les jugemens de police peuvent
être attaqués par la voie de l'appel, lorsqu'ils
prononcent l'emprisonnement ou des condamnations excédant cinq francs, ne pourra-t-on
pas appeler de ces mêmes jugemens, lorsqu'ils
ne prononceront aucune condamnation, c'est-
à-dire quand le prévenu sera absous ?

Il est vrai que la loi ne dit rien sur ce point ;
peut-être est-ce là une lacune qui occasionnera
des doutes aux Juges. Je crois cependant pouvoir donner ici une solution satisfaisante.

Quel est l'esprit de la loi sur le droit d'appeler ? c'est que les parties puissent le faire dès
qu'elles éprouvent une condamnation excédant
cinq francs. Mais si elles ne pouvaient appeler
d'un jugement qui ne porterait point de condamnation, parce que le Juge les aurait débou-
tées de leurs demandes, alors cette faculté
d'appeler, au lieu d'être bien étendue, comme
je viens de le remarquer, se trouverait tout-à-
coup fortement réduite, et on retomberait en
grande partie dans l'inconvénient des jugemens
en dernier ressort, sur toutes plaintes ou actions.

En effet, tout demandeur peut être débouté
de sa plainte, soit parce qu'elle ne sera pas
fondée, soit parce qu'elle ne sera pas justifiée ;
soit parce que le Juge de police, en première
instance, trouvera bon de la rejetter : alors ce
débouté sera en dernier ressort, si on ne peut
en appeler.

S'il en était ainsi, les Juges de paix seraient
bien autrement juges souverains que les Maires ;
ces derniers ne peuvent connaître des indemnités des parties lésées que jusqu'à quinze francs ;
tandis que les Juges de paix en connaissent jusqu'à une somme indéterminée, quelque considérable qu'elle soit. Alors la loi serait violée ;

car elle établit une égalité parfaite entre les Maires et les Juges de paix, *dans les cas où ils doivent juger en dernier ressort.* Alors les Juges de paix, contre le texte de la loi, jugeraient en dernier ressort la partie dont ils auraient rejetté la demande, ou l'indemnité d'une valeur considérable.

Et ces jugemens de déboutés ne contiennent-ils pas d'ailleurs de véritables condamnations ? assurément, puisqu'ils décident que l'indemnité demandée n'est pas due, et qu'ils condamnent le demandeur aux dépens.

Ainsi, soit que l'on envisage le jugement qui absout un prévenu comme étant sans condamnation, soit qu'on le regarde comme une véritable condamnation envers le plaignant, il me paraît évident et conforme à la loi, qu'ils sont sujets à l'appel, toutes les fois que les conclusions de la partie plaignante excèdent une somme de cinq francs, ou lorsque l'amende seule excède cinq francs. Mais si, pour une contravention de première classe, le demandeur qui a été débouté n'a réclamé aucuns dommages-intérêts, l'amende, en ce cas, n'étant que de cinq francs, il s'ensuit que le demandeur débouté est alors jugé en dernier ressort, comme le défendeur eût de même été condamné, s'il eût succombé.

L'appel d'un jugement de police est suspensif, c'est-à-dire que la partie condamnée ne peut être contrainte pour aucune des condamnations prononcées, tant que l'appel n'est pas jugé. Le Juge ne peut pas même ordonner l'exécution provisoire de son jugement, parce qu'en matière de police, la loi ne reconnaît point d'exécution provisoire.

La connaissance de l'appel de tous jugemens de police, est attribuée aux Juges correctionnels, devant lesquels la partie condamnée, ou le plaignant, fait appeler son adversaire. Les formes qui sont prescrites pour procéder sur l'appel, sont absolument celles qui sont observées sur les appels des Juges de paix, en matière civile (article 173 du Code d'instruction).

Il y a cependant une différence essentielle pour les Commissaires de police et les Adjoints. Ces Fonctionnaires, soit qu'ils interjettent appel d'un jugement rendu sur leurs plaintes, soit que le condamné fasse lui-même appel, ne peuvent jamais être anticipés devant les Juges correction- nels, ni comparaître personnellement. Le Mi- nistère public est indivisible, l'Adjoint et le Commissaire de police sont représentés sur l'appel, de plein droit, par le Procureur-im- périal. Ce Magistrat poursuit alors, de son auto- rité, ou le mal jugé du jugement du Maire, ou sa confirmation.

Il se pourrait que l'on élevât quelques doutes sur la faculté qui me paraît appartenir au Com- missaire de police et à l'Adjoint, d'appeler des jugemens qui les auront déboutés de leurs plain- tes ; car le texte de la loi ne leur accorde pas nommément cette faculté. Mais pour bien exécuter une loi, il faut en embrasser pleinement l'esprit, et voici comme je le fais sur ce point :

1.º La loi n'interdit point aux Commissaires de police, ni aux Adjoints, de faire appel, lors- qu'ils succombent dans leurs propres actions. Si ce droit ne leur est pas interdit, pourquoi ne l'au- raient-ils pas aussi bien qu'un simple particulier ?

2.º L'action de l'Adjoint ou du Commissaire étant rejettée, elle le sera donc toujours en der- nier ressort, n'importe la valeur de l'amende, s'il n'y a pas lieu de faire appel ? Alors la loi sera violée, puisqu'elle autorise l'appel dès que les conclusions du plaignant excèdent cinq fr.

3.º Le Commissaire de police remplit le Ministère public près du Juge de paix, l'Adjoint le remplit près du Maire ; l'un et l'autre le remplissent dans toute son étendue, comme fait le Procureur-impérial près des Juges correctionnels. Or ce Magistrat a-t-il la faculté d'appeler ? L'article 202 du Code d'instruction la lui accorde positivement : dès-lors le Commissaire et l'Adjoint, comme exerçant aussi le Ministère public, ont le même droit.

C'est ce que l'art. 176 me paraît confirmer implicitement ; il statue : « que toutes les dispositions » des articles précédens, sur les formes de procé- » der devant les Juges de police, seront communes » aux jugemens rendus sur l'appel par les Tri- » bunaux correctionnels ». L'article 211 répète cette déclaration de formes communes, et d'après cela je dis qu'il est d'une conséquence nécessaire que ce qui peut être fait devant les Juges d'appel, peut l'être également devant les Juges de police.

4.° Enfin l'article 177 du Code paraît lever tous les doutes sur cette question ; en voici les termes : « le Ministère public et les parties pourront, s'il » y a lieu, se pourvoir en cassation contre les » jugemens rendus en dernier ressort, par le » Tribunal de police ». Or si le Commissaire ou l'Adjoint, exerçant le Ministère public, peut attaquer un jugement de police en dernier ressort, par une voie extraordinaire, à plus forte raison peut-il se plaindre d'un jugement par la voie ordinaire de l'appel. *Potest majus, potest minus.*

Dans quel délai sera fait l'appel d'un jugement de police ? J'ai déjà dit qu'il serait fait dans les dix jours de la signification du jugement, ce qui ne demande pas de commentaire, quand il y a une partie condamnée, parce que celle qui a gagné sa cause a intérêt de lever et signifier le jugement, pour faire courir le délai de l'appel.

Mais si c'est le Ministère public qui a succombé,
ou si c'est un plaignant qui a été débouté, comment faire courir le délai de l'appel ? Il y a une
distinction à faire :

Si c'est un plaignant qui est débouté, peut-il
anticiper le délai de dix jours, lorsque le prévenu absous ne fait pas signifier le jugement ?
Je pense négativement. Les termes de la loi doivent être pris à la rigueur envers les parties ;
il faut entre elles une signification quelconque
pour faire courir le délai de l'appel.

Il se conçoit aisément qu'un prévenu absous
restera parfaitement tranquille après le jugement ; mais le plaignant qui croit avoir droit à
une indemnité, ne doit pas pour cela être
mis dans l'impossibilité d'agir et d'appeler.
Il me paraît convenable qu'il fasse faire au prévenu absous une sommation de lui signifier le
jugement dans un délai fixé et suffisant. Et s'il
ne le fait pas, le plaignant, après ce délai,
lèvera le jugement et le fera signifier, avec pro-
testation ou déclaration qu'il ne l'approuve point,
et qu'il entend uniquement faire courir le délai
de l'appel.

Je crois d'autant plus sûr de faire cette sommation, que cela s'observe en matière civile par
la signification des qualités, lorsque la partie
condamnée veut faire appel, et ne pas attendre
que l'autre partie lui signifie le jugement (article 142 du Code de Procédure).

Je fais cette comparaison avec quelque confiance, parce que le Code d'instruction en fait
une plus sensible encore, en ne prescrivant d'autres formes pour procéder sur les appels des Juges
de police, que celles prescrites en matière civile
sur l'appel des Juges de paix.

Mais si c'est le Ministère public qui a succombé,
il me semble qu'il n'est pas besoin pour lui, ni

contre lui, de faire une signification du jugement pour faire courir le délai de l'appel. Je fonde mon opinion sur l'article 202 du Code d'instruction, qui s'exprime ainsi : « La faculté d'appeler » appartiendra 1.°, etc. ; 4.° au Procureur-im- » périal du Tribunal de première instance, le- » quel, dans le cas où il n'appelerait pas, sera » tenu, dans le délai de quinzaine, d'adresser » extrait du jugement au Magistrat du Ministère » public près du Tribunal ou de la Cour qui » doit connaître de l'appel ».

C'est donc après le délai de quinzaine, à partir du jour du jugement, que le Procureur-impérial, s'il n'a point appelé, ne peut plus le faire, puis-qu'alors il doit exécuter le jugement, par la re-mise d'un extrait d'icelui au Ministère public du Tribunal d'appel. D'après cela, que la significa-tion du jugement soit faite ou non, le délai pour faire appel est terminé pour le Ministère public, à l'expiration de la quinzaine après la prononciation. Cependant l'article 205 accorde un délai d'un à deux mois au Ministère public près le Tribunal ou la Cour qui doit connaître de l'appel du jugement correctionnel. Peut-être doit-on placer le Procureur-impérial dans cette circons-tance ; car il est, à l'égard des Adjoints et des Commissaires de police, ce que le Procureur-général de la Cour d'appel est à son égard.

Je ne dois pas en dire davantage sur ce point qui excède les bornes de cet ouvrage.

Malgré ce que je viens de dire, je ne peux m'empêcher de rapporter l'article 203 du Code d'instruction, qui paraît restreindre fortement l'article 174.

Cet article porte : « il y aura déchéance de » l'appel, si la déclaration d'appeler n'a pas » été faite au Greffe du Tribunal qui a rendu » le jugement, dix jours au plus tard après celui

où

où il aura été prononcé. Et si le jugement est rendu par défaut, dix jours au plus tard après celui de la signification qui en aura été faite à la partie condamnée, ou à son domicile, outre un jour par trois myriamètres.

Au contraire l'article 174 dit, sans exception et d'une manière générale, que « l'appel sera » interjetté dans les dix jours de la signification » de la sentence à personne ou domicile ».

Pour l'exécution de l'un et de l'autre article, il faut établir cette distinction : que l'art. 174 ne parle uniquement que des appels des jugemens de police ; tandis que l'art. 203 est seulement relatif aux jugemens correctionnels.

Il paraîtra singulier, peut-être, que les formes pour les appels soient plus étendues en simple police, qu'en Tribunal correctionnel : c'est ce qui arrivera cependant, s'il faut, comme je le pense, que tout jugement de police, entre deux parties civiles, soit signifié pour faire courir le délai de l'appel, puisqu'on ne devra pas le faire pour les jugemens correctionnels rendus contradictoirement, dont il doit être fait appel au Greffe, dans les dix jours de la prononciation.

Dans cette circonstance, une interprétation législative serait desirable. En attendant, je crois qu'il est prudent de s'en tenir à la lettre de la loi, d'appliquer ce que prescrit l'art. 174 aux appels des Juges de police, et l'art. 203 aux appels des Juges correctionnels. Cependant, le premier article ne prescrivant point par quel acte sera fait l'appel des jugemens de police, il peut alors être fait par simple déclaration au Greffe du Juge qui a rendu le jugement; puisque cette déclaration, prescrite par l'art. 203, n'est point contrariée par aucune autre disposition.

M

2.e SECTION. — *Contrainte par corps.*

Toutes les amendes prononcées par les Juges de police, emportent la contrainte par corps (art. 467 du Code pénal). Cela n'avait point lieu d'après le Code de brumaire ; ce qui a entraîné plusieurs inconvéniens, principalement pour la Régie de l'enregistrement, qui, en cas d'insolvabilité du condamné, était obligée à divers actes de procédure, toujours dispendieux, pour faire constater cette insolvabilité.

Un condamné, qui maintenant justifie de son indigence, ne peut être détenu, pour le paiement de l'amende seulement, que pendant quinze jours (art. 467, *idem*).

Les restitutions, indemnités et frais, accordés à la partie lésée, emportent aussi la contrainte par corps ; mais le condamné doit, pour ces objets, garder prison jusqu'à parfait paiement. Il n'y a pas même d'exception pour le cas d'insolvabilité, à moins que ces restitutions, indemnités et frais, ne soient prononcés au profit de l'Etat. En ce cas, la loi permet au condamné de jouir de la faveur de se faire relaxer après quinze jours de détention, en justifiant de son indigence.

Si les biens du condamné sont insuffisans pour payer et l'amende et l'indemnité de la partie lésée, alors la loi accorde une généreuse préférence à la partie civile : ainsi elle est privilégiée au Gouvernement (art. 468, *idem*).

CHAPITRE XV.

Formules de divers Procès-verbaux de Gardes-champêtres.

J'ai développé, dans un précédent chapitre, les attributions des Gardes-champêtres et forestiers. Il me paraît inutile d'entrer ici dans de plus grands détails, qui ne pourraient produire que des répétitions. Je me borne donc à établir de suite les modèles de procès-verbaux que les Gardes peuvent faire dans toutes les circonstances relatives à leurs fonctions. Ces modèles peuvent être aussi employés par les Maires et Adjoints, lorsqu'ils constatent des contraventions.

25.ᵉ M O D È L E.

Procès-verbal pur et simple, constatant une contravention.

« Le   mars 18   ,   heures du   , je,
» François Sylvestre, garde-champêtre de la
» commune de Nieul, nommé par M. le Préfet
» du département de la Charente-inférieure,
» ayant prêté serment devant M. le Juge de paix
» du canton de l'ouest, de la Rochelle, décoré
» conformément à la loi; certifie qu'étant dans
» l'exercice de mes fonctions, j'ai rencontré,
» ce jour et heure, le nommé Pierre Jacques,
» farinier, demeurant en cette commune de
» Nieul, qui passait et faisait passer deux che-
» vaux chargés dans un champ ensemencé, situé
» au terroir des Egaux, même commune de
» Nieul, appartenant à Louis ; confrontant du
» levant à   , du couchant à

   » M'étant approché de Pierre Jacques, je lui
» ai fait mes représentations sur son procédé. A

» quoi il m'a répondu qu'il voulait abréger sa
» route , et qu'il ne faisait point de dommage.
» Vu la contravention dudit Pierre Jacques , je
» lui en ai déclaré procès - verbal ; et attendu
» l'impossibilité de verbaliser sur le lieu , je
» l'ai sommé de me suivre présentement, si bon
» lui semble , à la Mairie de cette commune,
» pour assister à la rédaction de mon procès-
» verbal , en entendre lecture , y faire ses ré-
» ponses et le signer , ou déclarer s'il ne le sait
» pas. A quoi Pierre Jacques m'a répondu qu'il
» ne veut pas me suivre, et a continué sa route.
» De quoi moidit Garde-champêtre, étant rendu
» à la Mairie de Nieul , j'ai rédigé le présent
» procès-verbal , sur les   heures du   de
» cedit jour, pour valoir ce que de droit ».

                       F. S. , garde.

Un pareil procès-verbal doit être affirmé par le
Garde-champêtre , dans les vingt-quatre heures ,
soit devant le Maire de la commune , soit devant
le Juge de paix du canton. L'acte d'affirmation
énonce le jour , l'heure et le lieu où elle a été
faite. L'acte énonce aussi que lecture du procès-verbal a été faite à l'affirmant , qui signe
avec l'Officier qui reçoit son serment.

S'il s'agit d'une contravention ou d'un délit
constaté par un Garde - forestier , le Juge de
paix ou le Maire qui aura reçu l'affirmation ,
sera tenu d'en donner avis au Procureur-impérial , dans la huitaine (article 18 du Code d'instruction).

Après avoir affirmé son procès-verbal , le
Garde doit le faire enregistrer au bureau d'enregistrement du canton; il le remettra dans les trois
jours, comme je l'ai déjà dit, au Commissaire de
police du chef-lieu de la justice de paix, s'il s'agit
d'une simple contravention ; ou au Procureur-
impérial , s'il s'agit d'un délit. La loi n'autorise

les Gardes à remettre leurs procès-verbaux aux
Maires ou Adjoints, que dans le cas d'arrestation du prévenu en flagrant délit, ou sur la
clameur publique ; parce qu'alors, s'agissant
d'un délit, le Maire ou l'Adjoint procède comme
Officier auxiliaire de police du Procureur-impérial ; et pour cela il doit avoir le procès-verbal
du Garde, qui sert de base aux actes ultérieurs
qu'il doit faire.

26.e MODÈLE.

Procès-verbal d'un délit emportant peine d'em-
prisonnement, et arrestation du prévenu en
flagrant délit.

« Le   octobre 1811,   heures du   ,
» moi, Etienne, garde-champêtre de la com-
» mune d'Aytré, nommé par M. le Préfet du
» département de la Charente-inférieure, ayant
» prêté serment devant M. le Juge de paix de
» l'arrondissement de l'est, de la ville de la
» Rochelle, décoré de la médaille ordonnée
» par la loi ; certifie que, faisant ma tournée
» ordinaire dans ladite commune, j'ai aperçu
» Nicolas, habitant de Tâdon, qui coupait,
» avec une hache, un pied d'orme étant dans
» une vigne située près dudit lieu de Tâdon,
» appartenant à Joseph Lemoine ; confrontant
» du levant à   , du couchant à   .
» M'étant approché dudit Nicolas, je lui ai de-
» mandé pourquoi il se permettait de couper
» un pied d'arbre qu'il sait bien appartenir à
» autrui. A quoi il a répondu qu'il me priait de
» l'excuser ; et que c'était le besoin de bois de
» chauffage qui l'avait porté à commettre cette
» mauvaise action. Et ne pouvant avoir égard
» aux excuses dudit Nicolas, je lui ai déclaré
» procès-verbal du délit par lui commis, et en
» même temps je l'ai sommé de me suivre devant

» le Maire d'Aytré, officier auxiliaire de police
» judiciaire, où j'entends le conduire présen-
» tement, attendu que je l'ai pris en flagrant
» délit. Lui déclarant qu'en cas de refus ou de
» résistance, je le saisirai au corps, pour le
» contraindre à obéir à justice. A quoi Nicolas
» a déclaré qu'il est prêt de me suivre, ce qu'il
» a fait, en me remettant, comme je l'en ai
» requis, la hache dont il s'est servi pour couper
» l'arbre ci-dessus désigné.

» Etant rendu devant ledit sieur Maire d'Ay-
» tré, dans la Maison commune, j'ai, en pré-
» sence de Nicolas, rédigé le présent procès-
» verbal, duquel je lui ai donné lecture, en le
» requérant de le signer ; ce qu'il a déclaré ne
» savoir faire.

» Et j'ai remis, tant le présent procès-verbal
» que le prévenu, et la hache dont il s'est servi,
» à mondit sieur le Maire d'Aytré, cedit jour,
» heures du   . En foi de quoi j'ai signé.

E. . . . .

27.e M O D È L E.

*Procès-verbal contenant seulement des indices
d'une contravention.*

" Le   mai 18   , je *(noms et prénoms)*,
,, Garde-champêtre de la commune d
,, nommé par M. le Préfet d   , ayant
,, serment en justice, et décoré de la médaille
,, voulue par la loi ;
,, Certifie que, passant près du village d
,, en cette commune, j'ai remarqué un dommge
,, assez considérable, commis dans une pièce
,, de champ, ensemencé en froment, apparte-
,, nant à P..., habitant dudit village, et con-
,, frontant du levant au pré de N......., du
,, couchant à la vigne de L.......: Etant entré
,, dans ledit champ j'ai remarqué que le blé-

(183)

,, froment en tuyau a été rongé et mangé par
,, des animaux , sur une étendue d'environ
,, vingt mètres de longueur, sur dix de largeur.
,, J'ai remarqué aussi une trace faite par des
,, pieds de bœufs ou vaches , qui, depuis le
,, lieu du dommage, s'étend jusqu'au milieu du
,, pré de N......, habitant du même village.
,, Entré dans ledit pré , j'y ai aperçu deux
,, bœufs et trois vaches , gardés par une ber-
,, gère , à laquelle j'ai demandé à qui ces ani-
,, maux appartenaient , et si le dommage
,, existant dans le champ de P..., n'avait pas
,, été commis par eux.

,, A quoi elle a répondu que ces bœufs et
,, vaches appartenaient audit N..., et qu'elle
,, les gardait, pour qu'ils ne commissent aucun
,, dommage. Ayant fait remarquer à la bergère
,, de N..., les traces dont j'ai parlé, elle n'a
,, voulu me faire aucune réponse.

,, Ayant ensuite aperçu le nommé L......,
,, qui labourait dans un champ peu éloigné,
,, avec un jeune homme que j'ai reconnu pour
,, être son fils , je me suis approché de ces par-
,, ticuliers , et leur ai demandé s'ils n'avaient
,, pas vu les bœufs et vaches de N..., dans le
,, champ de froment de P...., où il existe un
,, dommage assez considérable. Ces deux par-
,, ticuliers m'ont répondu que cela ne les re-
,, gardait pas , et qu'ils n'avaient rien à me dire.

,, Attendu les forts indices qui résultent de
,, ce que dessus , je suis retourné près de la
,, bergère dudit N..., étant toujours dans le
,, même pré, où je l'ai requise de me dire ses
,, noms et prénoms. A quoi elle m'a répondu
,, se nommer Marie Luther. Et l'ayant sommée
,, de convenir de la contravention ci - dessus
,, constatée , elle s'y est refusée.

,, Sur ce refus, je lui ai déclaré procès-
,, verbal des faits et circonstances dont il s'agit,
,, en la requérant d'en avertir ledit N.......,
,, propriétaire des bestiaux confiés à sa garde.
,, Et ne pouvant verbaliser sur le lieu, j'ai
,, sommé ladite Marie Luther de me suivre à la
,, Maison commune d   , pour assister à
,, la rédaction de mon procès - verbal, en en-
,, tendre lecture et le signer, ou déclarer si elle
,, ne le sait pas. A quoi Marie Luther s'est re-
,, fusée. De quoi moidit Garde-champêtre étant
,, rendu à ladite Maison commune d   ,
,, j'ai rédigé le présent acte, pour valoir ce que
,, de droit ,,.   R....., garde.

28e. MODÈLE.

Procès-verbal portant suite et séquestre de choses enlevées.

" Le 31 mai 1812, avant le lever du soleil,
,, je soussigné (*noms, prénoms, qualités du*
,, *Garde, sa nomination, son serment, etc*);
,, certifie qu'en faisant mes exercices ordinaires,
,, me trouvant près la maison de Hyacinthe,
,, cultivateur, en cette commune d   , j'ai
,, aperçu ce particulier conduisant un cheval
,, chargé de foin nouveau, qu'il a déposé à l'ex-
,, térieur de la porte de sadite maison ; que ledit
,, Hyacinthe, laissant ledit foin, est remonté sur
,, son cheval, et a dirigé sa route vers un pré
,, appartenant à   , situé au terroir d   ,
,, confrontant du levant à   , du couchant
,, à   . Ayant suivi Hyacinthe, je l'ai vu
,, entrer dans ledit pré, et y rateler, le soleil
,, n'étant pas encore alors levé. J'ai vu aussi, à
,, l'une des extrémités dudit pré, un tas de foin
,, nouvellement cueilli, auquel le cheval dudit
,, Hyacinthe mangeait. M'étant alors approché
,, de ce particulier, je lui ai demandé pour-

„ quoi, en contravention de la loi, il ratelait
„ avant le lever du soleil; et si, au lieu de rateler,
„ il n'avait pas pillé la charge de foin nouveau
„ que je lui ai vu déposer, depuis un moment,
„ à l'extérieur de la porte de sa maison. Sur
„ cela ledit Hyacinthe, sans me répondre, s'est
„ évadé. Et ne pouvant l'atteindre, je lui ai, à
„ haute voix, déclaré procès - verbal des faits
„ ci-dessus, en le sommant de rester près de
„ moi, pour assister à la rédaction de mon
„ procès-verbal, en entendre lecture et le signer,
„ ou déclarer s'il ne le veut ou peut faire. A
„ quoi ledit Hyacinthe n'a rien répondu, et a
„ continué de fuir.

„ Je suis alors retourné près la porte de la
„ maison de Hyacinthe, où étant j'ai trouvé
„ quatre bottes de foin nouveau, que j'estime
„ être du poids de 12 kilogrammes chacune.
„ Lesquelles j'ai mises en séquestre chez P...,
„ autre habitant de cette commune d   ,
„ que j'ai sommé de les recevoir et garder dans
„ son domicile, jusqu'à ce que par justice il
„ en ait été ordonné. Ce qu'il a accepté. De
„ quoi j'ai rédigé le présent procès - verbal,
„ pour valoir ce qu'il appartiendra, en l'absence
„ de Hyacinthe, et en présence dudit Pierre,
„ qui a signé avec moi „.

Si les choses enlevées avaient été déposées dans
l'intérieur d'une maison, d'un atelier, ou de
bâtimens, cours ou enclos, le Garde ne devra
point y pénétrer seul; il ne pourra le faire qu'en
présence, soit du Juge de paix, soit du Commissaire de police, soit du Maire ou de son
Adjoint. C'est ce que j'ai précédemment dit.
Dans ce cas, il ajoutera à son procès - verbal,
après avoir suivi une des formules précédentes,
jusqu'à la réponse du contrevenant, ce qui suit:

" Et attendu que la chose enlevée (*il faut la*

,, *désigner)* a été par ledit   déposée dans
,, l'intérieur de sa maison, moidit Garde-cham-
,, pêtre me suis retiré devant M. le Maire de cette
,, commune d   , auquel j'ai fait
,, part de la contravention que je viens de cons-
,, tater, en le priant de m'accompagner dans la
,, maison dudit   , afin que je m'empare,
,, en sa présence, des choses enlevées *(les dési-*
,, *gner encore)*, pour les mettre en séquestre,
,, suivant la loi.

,, A quoi mondit sieur le Maire déférant, s'est
,, transporté à la maison dudit   , avec
,, moi, en m'autorisant d'y entrer, et où il est
,, entré lui-même le premier. Alors s'est pré-
,, senté, dans la première chambre de cette
,, maison, une femme qui m'a dit être l'épouse
,, de   . Je lui ai fait part du sujet de
,, mon transport, en la sommant de me remettre
,, les choses enlevées par son mari *(les désigner*
,, *encore)*. Elle a répondu n'avoir aucune con-
,, naissance du fait. Mais ayant recherché dans
,, une seconde chambre de la même maison,
,, en présence de mondit sieur le Maire, j'ai
,, aperçu au fond d'icelle, lesdites choses en-
,, levées *(les désigner aussi)*, desquelles je me
,, suis emparé, et les ai portées au domicile de
,, Jacques, habitant de cette commune, que
,, j'ai requis de s'en charger, comme gardien-
,, séquestre, jusqu'à ce qu'il en ait été par Jus-
,, tice ordonné ; ce qu'il a accepté. De quoi
,, j'ai dressé le présent procès-verbal, en pré-
,, sence de M. le Maire, de l'épouse de
,, et dudit Jacques, séquestre, auxquels j'en
,, ai donné lecture, et qui ont signé avec moi,
,, lesdits jour et an que dessus ,,.

Suivent les signatures.

29.ᵉ MODÈLE.

Procès-verbal de rebellion contre un Garde-
champêtre, et requisition de main-forte.

" Le   avril 18   ,   heures du   , moi
„ *(établir les noms , prénoms , qualités , nomi-*
„ *nation et serment du Garde)* ; certifie que ,
„ m'étant transporté près d'un champ ensemencé
„ en froment, appartenant à Joseph Lebon ,
„ habitant de ladite commune , situé à
„ confrontant du levant à   , du couchant
„ à   , j'ai vu , à une très-petite distance,
„ Charles Hardi , habitant de cette commune ,
„ qui sortait dudit champ , conduisant un che-
„ val chargé de blé en vert. Ayant abordé ledit
„ Hardi, près de ce champ, j'ai reconnu que le
„ blé chargé sur son cheval était nouvellement
„ coupé ; j'ai ensuite sommé Hardi de me dé-
„ clarer où il avait pris ce blé en vert ; lequel
„ m'a répondu qu'il n'avait point de compte à
„ me rendre. Alors je l'ai sommé de me suivre
„ dans le champ de Joseph Lebon , dont nous
„ étions proches , pour vérifier si ce n'est pas
„ là qu'il a coupé ledit blé. A quoi Charles Hardi
„ m'a répondu par des menaces de me frapper.
„ Et ayant voulu me transporter dans le champ
„ de Joseph Lebon , Charles Hardi s'est placé sur
„ mon passage , devant moi, en me lançant un
„ un gros bâton qu'il avait à la main , et en réi-
„ térant ses menaces.
„ Vu la résistance et rébellion de Charles
„ Hardi, je lui en ai déclaré procès-verbal , et
„ me suis retiré , en le sommant de me suivre à
„ la Mairie de cette commune, pour assister à la
„ rédaction de mon procès-verbal , en entendre
„ lecture et signer.
„ Etant rendu devant M. le Maire de cette
„ Commune , je lui ai rendu compte des faits et

,, circonstances ci-dessus, en l'invitant de me
,, faire donner main-forte pour me rendre sur le
,, lieu du délit, et le vérifier.

,, A quoi déférant, mondit sieur le Maire a
,, requis deux gendarmes *(ou deux fusiliers de*
,, *la Garde nationale de la Commune)* ; les-
,, quels s'étant réunis à moi, nous sommes en-
,, semble transportés au champ ci-dessus désigné,
,, appartenant à Joseph Lebon, auprès duquel
,, Charles Hardi ne s'est plus rencontré. Etant
,, tous ensemble entrés dans l'intérieur dudit
,, champ, nous avons reconnu que, dans la
,, partie droite d'icelui, il a été coupé du blé
,, en vert, qui est du froment tel qu'il en existe
,, dans le surplus dudit champ, ce qui a été fait
,, sur une surface d'environ dix mètres de lon-
,, gueur, sur deux de largeur.

,, Et voulant suivre ledit blé enlevé, en exé-
,, cution de l'art. 16 du Code d'instruction crimi-
,, nelle, je me suis transporté au domicile de
,, Charles Hardi, assisté de mon escorte, où
,, j'ai frappé à la porte de sa maison, qui a été
,, alors ouverte par une femme, qui a dit être
,, l'épouse de Hardi, à laquelle j'ai fait part du
,, sujet de mon transport, en la sommant de
,, me remettre la charge de blé en vert, coupé
,, et enlevé par son mari dans le champ de Jo-
,, seph Lebon. A quoi elle a répondu que sondit
,, mari n'a point apporté, dans sa maison, une
,, charge de blé en vert, et que j'étais libre
,, d'entrer en faire la recherche dans sa maison.
,, Ce que ne pouvant faire, et ne sachant où
,, peut avoir été déposé la charge de blé en vert,
,, je me suis borné à déclarer à ladite femme
,, Hardi, procès-verbal du délit constaté contre
,, son mari, et de la rebellion par lui faite, en
,, la requérant de l'en avertir, et de me suivre,
,, si bon lui semble, à la Maison commune,

„ pour assister à la rédaction de mondit procès-
„ verbal, en entendre lecture et le signer, ce
„ qu'elle n'a voulu faire. En conséquence, rendu
„ avec mon escorte à la Maison commune, j'ai
„ fait et rédigé le présent procès-verbal, pour
„ valoir ce que de droit ; et ont, tous mes assis-
„ tans, signé avec moi, sur l'heure de   „.

Suivent les signatures.

Un pareil procès - verbal doit être remis au
Procureur-impérial, et non au Commissaire de
police, parce qu'il y a délit simple et rebellion.

Voici un autre modèle, pour simples injures
dites au Garde - champêtre, dans l'exercice de
ses foncions.

3o.^e M O D È L E.

" Le   octobre mil-huit-cent-
„ moi *(noms, prénoms, qualités, etc.)* ; certifie
„ que, faisant mes exercices ordinaires dans
„ la Commune, j'ai rencontré Alexis......,
„ habitant de la même Commune, portant un
„ fusil de chasse sur le bras droit, et parcou-
„ rant le chemin qui va de cette commune à
„ m'étant approché de lui, je l'ai requis de
„ m'exhiber le Port-d'armes qu'il doit avoir,
„ pour jouir de la faculté de porter une arme
„ de chasse. A quoi satisfaisant, Alexis m'a
„ représenté un Permis *(ici le désigner et dater).*
„ Lequel, après examen, je lui ai remis ; et me
„ disposant à me retirer, ledit Alexis m'a traité
„ de gueux, de scélérat et de mauvais sujet. A
„ lui représenté qu'il a tort de m'insulter dans
„ l'exercice de mes fonctions, il a encore ré-
„ pété les mêmes injures. Pourquoi je lui en ai
„ déclaré procès-verbal ; et ne pouvant verba-
„ liser en sûreté sur le lieu, j'ai sommé ledit
„ Alexis de me suivre à la Maison commune,
„ pour assister à la rédaction de mon procès-

„ verbal, en entendre lecture et le signer, si
„ bon lui semble ; ce qu'il n'a voulu faire. En
„ conséquence, m'étant rendu, etc ,,.

Un semblable procès-verbal doit être remis,
dans les trois jours, au Procureur-impérial.

31.ᵉ et dernier MODÈLE.

*Procès-verbal d'arrestation, sur la clameur
publique, d'un prévenu.*

" Le   juin 181   , heures du   ,
„ je soussigné *(noms, prénoms, qualités, de-*
„ *meure, etc.)* certifie qu'étant dans la rue du
„ Char-blanc, de cette commune d   , j'ai
„ vu un certain nombre de personnes, qui jet-
„ taient des cris d'indignation, et paraissaient
„ agitées. M'étant approché du groupe, et in-
„ formé du sujet de ce mouvement, plusieurs
„ individus m'ont dit qu'à l'instant même, Jé-
„ rémie, habitant de cette commune, a frappé
„ cinq ou six fois, violemment, avec un gros
„ bâton, sur Philippe, autre habitant de cette
„ Commune, sans que celui-ci l'eût provoqué;
„ et que ledit Jérémie se retirait en ce moment
„ par la rue de l'Espérance. Au même instant
„ je me suis mis à la poursuite dudit Jérémie,
„ que j'ai atteint à l'extrémité de ladite rue de
„ l'Espérance, auquel j'ai fait part de l'accusa-
„ tion que la clameur publique portait contre
„ lui, en le sommant d'en convenir, et de re-
„ tourner avec moi sur le lieu du délit ; ce que
„ Jérémie a refusé de faire. Alors je l'ai saisi et
„ appréhendé au corps, et je l'ai contraint à me
„ suivre dans ladite rue du Char-blanc. Etant
„ rendu à l'entrée d'icelle, plusieurs personnes,
„ que j'ai reconnues pour être celles que j'avais
„ déjà trouvé rassemblées dans cette rue, no-
„ tamment Louis, cultivateur; Charles, me-
„ nuisier; et Sébastien, cordonnier, tous

,, habitans de cette Commune , m'ont tous
,, ensemble déclaré que c'était bien ledit Jérémie
,, qui avait frappé Philippe d'une manière si
,, brutale. Ayant conduit Jérémie devant la porte
,, de la maison dudit Philippe, j'y ai trouvé ce-
,, lui - ci assis dans un fauteuil , se plaignant
,, beaucoup ; lequel , sur mes interpellations ,
,, m'a déclaré qu'il a reçu six forts coups de
,, bâton sur le dos, par Jérémie, et cela depuis
,, quelques minutes , sans qu'il puisse savoir le
,, motif de cette brutalité, puisque lui Philippe
,, passait dans la rue , sans rien dire à Jérémie.
,, Sur cette déclaration , j'ai sommé de nouveau
,, ledit Jérémie de convenir du délit qu'il paraît
,, avoir commis ; ce qu'il n'a voulu faire , et a
,, soutenu qu'on le prenait pour un autre. Cela
,, fait , j'ai conduit ledit Jérémie devant M. le
,, Maire de cette Commune , où étant j'ai ré-
,, digé le présent procès-verbal , en présence
,, du prévenu , à qui j'en ai fait lecture , en le
,, sommant de le signer , ou de déclarer s'il le
,, veut ou ne peut faire ; ce qu'il a refusé. Après
,, quoi j'ai signé le présent, que j'ai remis, avec
,, le prévenu, à la disposition de M. le Maire,
,, les jour et an que dessus ,,.

Suit la signature.

Tous ces différens modèles peuvent être appliqués à tous les cas où les Gardes-champêtres
ont droit de faire des procès - verbaux, soit en
matière de contravention , soit pour des délits.
Avec quelque intelligence, les Gardes , en se
servant de ces modèles , feront aisément les
changemens et les applications que les faits et
les circonstances exigeront.

F I N.

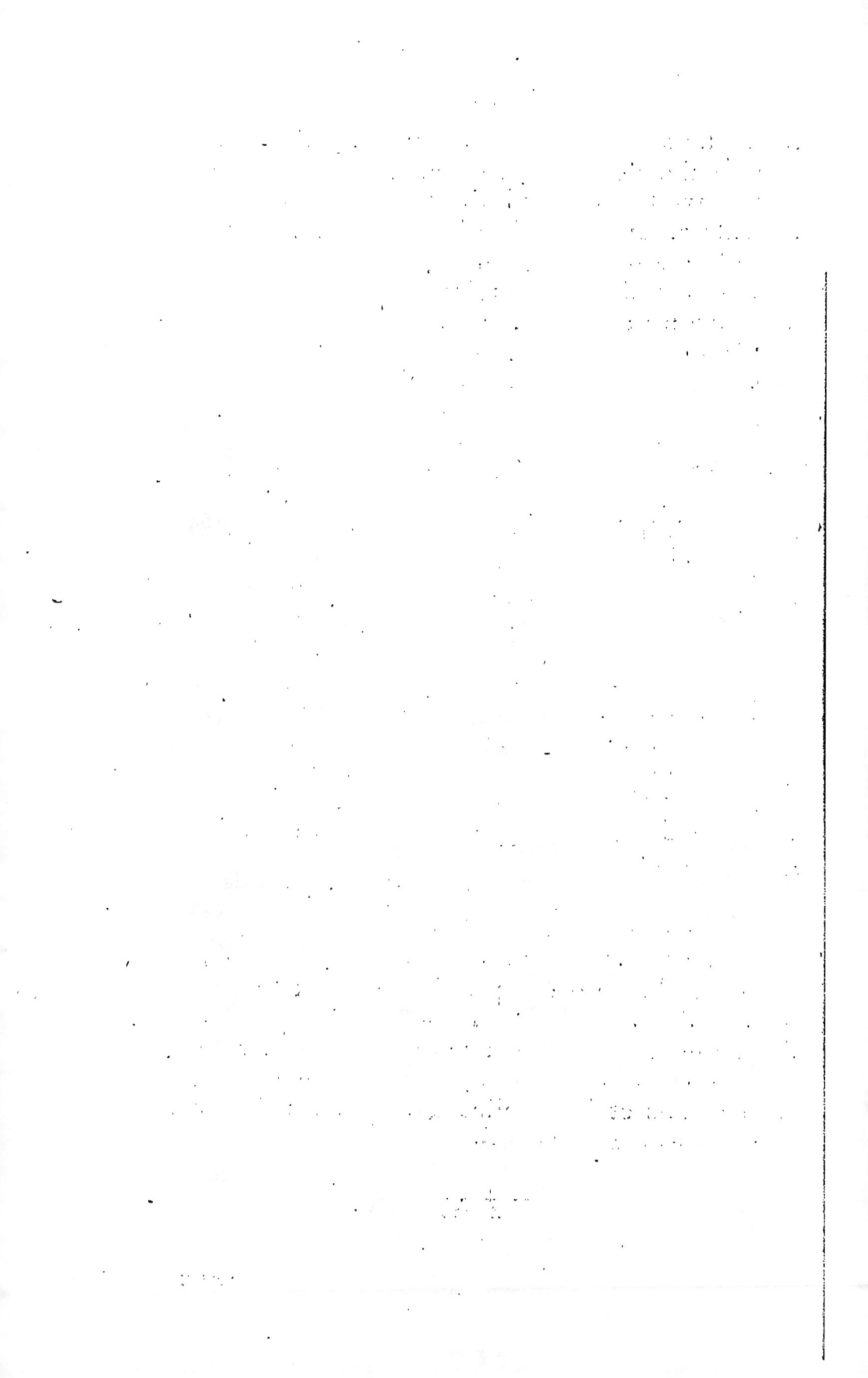

TABLE DES MATIÈRES.

A.

C.

I.

J.

J.

M.

N.

O.

P.

www.ingramcontent.com/pod-product-compliance
Lightning Source LLC
Chambersburg PA
CBHW071949090426
42740CB00011B/1869